Guía para el docente y solucionarios

Diseño de productos gráficos

ic editorial

Editado por: IC Editorial
c/ Cueva de Viera, 2, Local 3
Centro Negocios CADI
29200 Antequera (Málaga)
Teléfono: 952 70 60 04
Fax: 952 84 55 03
Correo electrónico: iceditorial@iceditorial.com
Internet: www.iceditorial.com

**Guía para el docente y solucionarios:
Diseño de productos gráficos**

1ª Edición

ISBN: 979-13-7027-066-7
Depósito Legal: MA 1787-2025

Impresión: PODiPrint
Impreso en Andalucía - España

Índice

Guía para el docente: técnicas de enseñanza y aprendizaje

Contenido

1. Introducción

El presente capítulo está destinado a ofrecer al cuerpo docente responsable de la enseñanza del programa de cualificaciones profesionales y certificados de profesionalidad, una guía metodológica para obtener el máximo rendimiento de los contenidos formativos que han sido desarrollados para el presente título.

La mejora de las habilidades comunicativas y la aplicación de una metodología contrastada de enseñanza, aprendizaje y evaluación permitirá transmitir el conocimiento y adquirir el programa formativo de la forma más efectiva y práctica posible.

Estudiaremos cuáles son los principales elementos que forman parte de la comunicación profesor-alumno, a través de una cuidada selección de sistemas de planificación de estrategias didácticas, así como la utilización de medios y recursos didácticos.

La integración de todas las actividades planificadas alrededor de un plan de formación adaptado e individualizado, aumentará además la satisfacción del alumnado por la utilización de un sistema no lineal e interactivo que se retroalimenta gracias a la relación establecida entre la propia metodología y los actores que forman parte de la enseñanza.

2. El programa de formación

Una de las claves del éxito de la mayoría de las actividades que se realizan en general, y concretamente en la formación, es la **programación.** Es necesaria la programación de las acciones formativas, para que así se pueda alcanzar el objetivo final, es decir, que el alumno obtenga una buena capacitación y adquiera nuevos conocimientos en su repertorio y que, después, sea capaz de emplearlos en su trabajo.

2.1. Definición de programación

Cuando se habla de **programación,** se pueden encontrar multitud de definiciones. Para sintetizar, se podría definir como la actividad de enunciar lo que se quiere hacer (objetivos, contenidos, métodos, temporalización, medios y recursos didácticos y evaluación).

 Definición

Programación
Es un plan donde se establecen las acciones que se van a realizar en un proceso de enseñanza-aprendizaje, por medio de un formador o un equipo.

A continuación, se va a describir una serie de características que tiene que tener una programación didáctica:

- Dinámica. Una programación no es estática ni está acabada, siempre está en constante revisión, de ahí su dinamismo. Además va cambiando o evolucionando según los resultados de la evaluación continua que se va realizando durante la ejecución de la acción.
- Flexible. Esta característica permite que se puedan hacer cambios, ampliaciones, reducciones y actualizaciones de los contenidos y actividades programadas, según las necesidades que se observen.
- Creativa. La programación como es un diseño propio y exclusivo, exige creatividad y originalidad. El docente es el que decide sobre el quehacer en el aula teniendo en cuenta las características del grupo, las necesidades que se pretenden satisfacer y las propias posibilidades.
- Prospectiva. La programación consiste en hacer un pronóstico de la interacción que se va a producir en el aula.

- Sistemática. La programación es un proceso sistematizador que da coherencia a la acción formativa, ya que tiene en cuenta todos los elementos (objetivos, contenidos, métodos, temporalización, medios y recursos pedagógicos y evaluación) que intervienen en el acto educativo y analiza sus relaciones.
- Integradora. Permite integrar elementos de cualificación técnico-profesionales con elementos de cualificación personal de alumnado.
- Funcional. Toda programación debe basarse en el perfil profesional de la ocupación y estructurar los contenidos formativos que proporcionan las competencias de ésta.

2.2. Elementos de la programación

Antes de empezar cualquier programación formativa, es necesario tener en cuenta los datos obtenidos del análisis de la ocupación y del grupo al que se dirige la acción formativa. A partir de esta información, se determinan los elementos que van a conformar la programación.

Cuando se realiza la programación de un curso, hay que plantearse previamente las siguientes preguntas:

1. ¿Qué quiero conseguir con la formación?	**OBJETIVOS**
2. ¿Qué conocimientos deben asimilar los alumnos para alcanzar los objetivos propuestos?	**CONTENIDOS DEL CURSO**
3. ¿Cómo trabajamos en el aula? ¿Qué actividades son las que realizamos?	**MÉTODOS DE ENSEÑANZA**
4. ¿Cuánto tiempo tengo y cuánto dedico a cada módulo?	**TEMPORALIZACIÓN**
5. ¿Qué medios y recursos didácticos se necesitan para poder llevar a cabo esas actividades?	**MEDIOS Y RECURSOS DIDÁCTICOS**
6. ¿Cómo sabemos que se ha producido el aprendizaje?	**EVALUACIÓN**

3. Factores determinantes de la efectividad de la comunicación en el proceso de enseñanza-aprendizaje

En toda comunicación que se produzca en el proceso de enseñanza-aprendizaje, existen factores determinantes que obstaculizan o refuerzan este proceso.

3.1. Obstáculos de la comunicación

Relacionados con el emisor

- No expresar de forma clara qué mensaje se quiere transmitir.
- Comentar algo a lo largo de la explicación que no sea lo correcto y pueda resultar desagradable.
- Cambiar el tema de conversación.
- Desviarse del tema que se está tratando.
- No mirar al receptor cuando se quiere expresar algo.
- No estar atento a las señales que emite el receptor.
- Expresar alguna idea a través de los gestos que no se corresponda con la idea a comunicar.

Relacionados con el receptor

- No comprender las ideas que quiere expresar el emisor.
- No pedir explicación al emisor de aquella información que no le haya quedado clara.
- Interrumpir al emisor cuando está hablando.
- Captar algo diferente a lo que el emisor desea transmitir.

Relacionados con el mensaje

- Mensaje confuso.
- Mensaje muy corto.
- Mensaje muy extenso.
- Abuso de muletillas.
- Utilización de frases sin terminar.
- Dar "rodeos" para decir la idea principal.

Relacionados con el contexto

- No ser el momento adecuado para transmitir algo.
- No saber escoger el lugar oportuno.
- La presencia de ruidos y de interferencias.
- No pensar en las personas que están cerca.

Relacionados con el código

- No utilizar el mismo código que la persona con la que se habla o a la que se escucha.
- No adaptar el vocabulario a la situación o a la persona con la que se conversa.
- Utilizar el doble sentido.

3.2. Sugerencias para el mejor funcionamiento de la comunicación

Emisor

- Acostumbrarse a planificar la comunicación.
- Concretar visiblemente los objetivos.
- Buscar la retroalimentación en la comunicación.
- No tratar de impresionar al receptor.

Mensaje

- Que sea claramente entendido por el receptor.
- Que la terminología usada sea de referencia común.
- Que reclame la atención y el interés del alumnado.
- Que sea sencillo de interpretar.
- Que su contenido sea adecuado y convincente.
- Que produzca el máximo efecto posible.

Canal

- Que sea el más apropiado al grupo al que se dirige, al contenido del mensaje y al objetivo que persigue el formador.
- Que sea el que cause mayor impacto en el receptor.
- Que sea el más eficaz.
- Que sea el que mejor domine el formador.

4. La comunicación verbal y no verbal en el proceso instructivo

Los medios de comunicación pueden agruparse en dos grandes bloques: los **medios verbales,** que son aquellos que usan la lengua como código compartido; y los **medios no verbales,** que son los que se fundamentan en otros códigos simbólicos. A su vez, dentro de los medios verbales, están el medio escrito y el medio oral.

Cada uno de estos medios tiene sus ventajas y sus inconvenientes, por lo que la selección del medio deberá tener en cuenta las circunstancias y características que en cada caso presenta el comunicador, la audiencia y el mensaje que se ha de transmitir.

4.1. Los medios verbales

La comunicación verbal

La comunicación verbal se utiliza para comunicar ideas o dar información, opiniones, expresar o describir sentimientos, etc. Sirve de vehículo a los contenidos explícitos del mensaje. Para garantizar la efectividad de la comunicación, es necesario que el mensaje se presente de forma descriptiva y operativa, pero siempre teniendo muy en cuenta el código común del grupo al que va dirigida esta comunicación.

Un uso correcto del lenguaje oral ayuda a acercarse más a los alumnos. Los principales aspectos a considerar son los que aparecen a continuación.

Construcciones gramaticales

El objetivo será transmitir el mensaje de la manera más clara posible. Se deben evitar los giros rebuscados, la sintaxis complicada y las metáforas. En las explicaciones y conversaciones debe primar el contenido sobre la forma.

Vocabulario

Es importante saber qué palabras van a expresar mejor los conceptos que se desean transmitir y las que pueden ser comprendidas mejor por los alumnos. El análisis previo de los alumnos ayuda a saber qué términos técnicos se pueden utilizar sin problemas, cuáles se tienen que explicar y cuáles se deben evitar.

En general, siempre hay que mantenerse dentro de un lenguaje formal, evitando los vocablos demasiado coloquiales, las palabras extranjeras, las referencias académicas y expresiones de carácter religioso, político, deportivo o cultural, que pueden resultar agresivas para los alumnos.

Ejemplos

Los conceptos abstractos que pueden aparecer y que dificultan la adquisición de los contenidos, tienen que ser expresados mediante las explicaciones del formador, siempre apoyándose en la visualización.

La comunicación escrita

La comunicación escrita posee un carácter más veraz que la oral. La interacción que tiene lugar entre el emisor y el receptor no es inmediata, en algunas ocasiones no llega a producirse jamás. Este tipo de comunicación ofrece más oportunidades expresivas y mayor complejidad gramatical, sintáctica y léxica. También hay que tener en cuenta que a veces dificulta la expresión y/o puede no proporcionar *feedback* de manera inmediata.

4.2. Los medios no verbales

Al igual que las palabras, los elementos de la comunicación no verbal son signos que representan una idea (se excluyen todos los signos lingüísticos).

A diferencia de la comunicación verbal, su función no se centra sólo en la transmisión de contenido, sino que traspasa esa frontera para expresar también las emociones del emisor, controlar la interacción y proporcionar *feedback* del efecto que el mensaje produce en el receptor. Todas estas funciones son muy útiles para el formador, tanto en su tarea de transmisor de conocimientos como en la tarea de motivar y dirigir al grupo.

A continuación, se detallan las diferentes categorías en las que se agrupan los elementos de la comunicación no verbal.

Kinesia

Posturas

Una de las primeras cosas que el formador debe transmitir a sus alumnos es confianza y seguridad, lo que puede conseguirse a través de una postura erguida (sin llegar a ser arrogante), de pie, apoyándose sobre los dos pies y manteniendo la cabeza alta.

Esta postura es útil, especialmente durante la presentación del curso, porque ayuda a relajar el cuerpo, a facilitar la respiración y a controlar las muestras de nerviosismo, al tener un buen apoyo en el suelo.

A medida que avanza el curso, se pueden adoptar otras posturas que faciliten el descanso (apoyarse), el acercamiento (echar el cuerpo hacia delante) o que resten protagonismo (sentarse).

Gestos

Los gestos son un buen aliado del formador, excepto cuando éste se siente incómodo o nervioso. Gestos de carácter adaptador, como rascarse o colocarse la ropa, pueden delatar su estado emocional.

La mayoría de los gestos cumplen la función de reforzar el mensaje verbal (ilustradores), aunque existen otros cuya función es regular las intervenciones cuando se dirige una discusión de grupo.

Expresiones faciales

Las expresiones de la cara transmiten las emociones y permiten obtener fácilmente una respuesta del alumno.

Una expresión facial agradable, como una sonrisa no forzada, facilita la creación de un ambiente relajado en el aula. Una sonrisa puede ser muy útil también para romper la tensión que inevitablemente surge en algunas sesiones.

Mirada

La mirada, junto con la postura, es uno de los mejores métodos para transmitir confianza (en momentos de nerviosismo se tiende a apartar la vista) y para captar la atención de los alumnos.

Mientras el formador habla debe mantener la mirada sobre los alumnos la mayor parte del tiempo, mirándolos el tiempo suficiente como para que se sientan atendidos pero no incómodos. También se puede utilizar la mirada durante las discusiones de grupo, con una función reguladora de las distintas intervenciones.

Desplazamientos

Realizar desplazamientos en el aula capta la atención del alumnado, además de facilitar el contacto visual. Hay que procurar que no sean repetitivos o bruscos (pasear cerca de los alumnos), y cambiar de un recurso a otro (ir de la pizarra al retroproyector), etc.

Recuerde

Los recursos no verbales que estudia la Kinesia son:

❚ Posturas.
❚ Gestos.
❚ Expresiones faciales.
❚ Mirada.
❚ Desplazamientos.

Estos recursos pueden utilizarse tanto para reforzar lo que se expresa mediante la comunicación verbal como para sustituirlo.

Proxémica

El aspecto de la proxémica que más interesa es la proximidad física entre los individuos, ya que los alumnos pueden sentirse violentos si el formador se aproxima excesivamente a ellos o, por el contrario, verle distante si no se acerca.

Se debe prestar atención a este aspecto, tanto durante las intervenciones como al distribuir el espacio del aula que se va a emplear, evitando siempre que los asientos estén demasiado juntos o demasiado separados.

Paralingüística

Para captar la atención del público, los oradores suelen hacer uso de determinados aspectos como el tono de voz o las pausas, que en algunos casos pueden parecer exagerados.

El formador, aunque emplee el método de la lección magistral, no es un orador y, por tanto, no debe prestar especial atención a estos aspectos, excepto cuando le plantean algún problema, debido a la ansiedad, al cansancio o a un mal estado de salud. Practicar en voz alta y realizar grabaciones durante la fase de preparación puede ayudar a vencer estas dificultades.

Volumen

Aunque el aula sea pequeña, se tiene que realizar el esfuerzo de hablar lo suficientemente alto para que todos los alumnos oigan las explicaciones y, a la vez, transmitir confianza. En general, el volumen se ajustará instintivamente cuando se compruebe dónde se sitúa la persona que se encuentra más alejada.

Entonación

El problema más frecuente, especialmente si se está cansado, es la monotonía, que no contribuye a captar la atención ni a motivar a los alumnos.

El interés que el formador muestre por el tema y una correcta preparación le hará destacar los puntos clave y jugar con la entonación de una forma adecuada a lo largo de toda la exposición.

Pronunciación

Los problemas se presentan especialmente cuando se está nervioso o se habla demasiado rápido. Se debe hacer un esfuerzo por articular todas las palabras de manera limpia y clara, abriendo la boca lo suficiente para pronunciar correctamente las sílabas, consonantes y vocales.

Velocidad

Una velocidad correcta puede ayudar a resolver problemas de pronunciación y de entonación. Se debe hablar a una velocidad normal o algo superior, para facilitar el mantenimiento de la atención. No obstante, si se está nervioso, se puede hablar con mayor lentitud para facilitar la respiración y relajarse. También se debe reducir la velocidad cuando se expliquen conceptos técnicos complejos o cuando se espere alguna respuesta por parte de los alumnos.

Recuerde

Los elementos que trata la Paralingüística son:

▌ El volumen.
▌ La entonación.
▌ La pronunciación.
▌ La velocidad.

Proyección física

Existen determinados factores que, sin que la persona diga ni haga nada, transmiten información y hacen referencia a la imagen física que esta persona proyecta.

Es fundamental que el formador transmita una imagen positiva para los alumnos. Se debe cuidar el aspecto externo y los artefactos que se usen, como los adornos y prendas de vestir. La manera adecuada de vestir depende de la situación y siempre debe estar en consonancia con lo que cada colectivo de alumnos espera del formador.

Ejemplo

Sería negativo vestir pieles para impartir un curso cuyo objetivo fuese desarrollar actitudes positivas hacia la protección del medio ambiente.

En cualquier caso, se debe llevar ropa que resulte cómoda, bien cuidada y no demasiado llamativa. A los adornos y al peinado se aplican las mismas reglas que al vestido.

Importante

Un objetivo fundamental del formador es dirigir la atención de los alumnos hacia el contenido que está desarrollando, nunca hacia su persona.

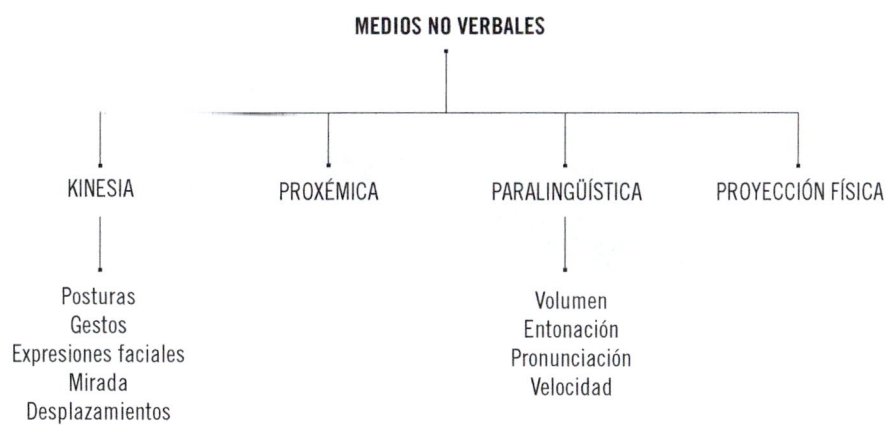

Finalmente, conviene recordar que si el formador observa atentamente la comunicación no verbal que expresan los alumnos, obtendrá una gran cantidad de información.

Hay numerosos signos no verbales que puede mostrar el alumno:

- **Atención:** posturas del cuerpo (inclinado hacia delante, hacia atrás...).
- **Necesidad de hablar:** movimientos sutiles de la boca, de la mano, etc.
- **Irritación:** movimiento de pies, manipulación de objetos sobre la mesa, etc.

- **Concentración:** tomar apuntes, mirar al docente, etc.
- **Cansancio:** cuerpo hundido, suspiros, etc.
- **Inercia:** silencios de todo el grupo, etc.
- **Desinterés:** cerrar el cuaderno, bostezar, mirar al vacío, etc.
- **Sorpresa:** levantar los brazos, abrir la boca, levantar las cejas, abrir los ojos, etc.

Si se observan estos elementos de forma atenta, se podrá obtener información sobre la comprensión del mensaje y el estado emocional de los alumnos, lo que será de gran utilidad para el formador durante el curso.

La comunicación no verbal aporta información al formador sobre los alumnos

5. Técnicas de secuenciación de contenidos

Una vez seleccionados los contenidos, hay que ordenarlos secuencialmente. La **secuenciación y estructuración de los contenidos** es el proceso que permite situarlos en una configuración que produce el máximo aprendizaje en el mínimo tiempo posible.

Algunas de las técnicas para la secuenciación de contenidos son las siguientes:

- Que los contenidos estén de acuerdo con los objetivos propuestos y con los plazos previstos para conseguirlos.

- Empezar por los contenidos más próximos y significativos para el alumno, para llegar poco a poco a lo desconocido. De esta manera, resultará más fácil introducir los nuevos contenidos.
- Ir de lo inmediato a lo remoto.
- Ir de lo concreto a lo abstracto.
- Ir de lo más fácil a lo más difícil. Esto motiva al alumnado porque le va mostrando los avances de manera rápida.

Las principales ventajas que este proceso conlleva son:

- Ayuda al participante a pasar de un conocimiento o habilidad a otro.
- Garantiza que los conocimientos y habilidades previas son alcanzados antes de introducir elementos nuevos.
- Reduce el tiempo de formación.
- Evita la confusión y los fallos en el participante.

Estos puntos son los principales aspectos a tener en cuenta cuando se realiza la presente fase de la programación de la formación, es decir, cuando se fijan los contenidos de la formación.

6. La selección y planificación de estrategias didácticas

Las personas que realizan un curso de formación son diversas, por ello es muy importante que las estrategias didácticas se adapten, de la mejor forma posible, al contexto y permitan una flexibilidad.

 Definición

Estrategias didácticas
Son procedimientos que el formador emplea para facilitar el aprendizaje, con la intención de que éste sea significativo.

Tras la selección y estructuración de contenidos, llega el momento de decidir la modalidad de formación a seguir y la metodología a utilizar en su impartición. Pero esta decisión no se puede tomar arbitrariamente, sino que ha de basarse en unos criterios. Los criterios de decisión básicos para determinar qué estrategia y qué método de formación es el adecuado, son:

- La compatibilidad con los objetivos.
- Los principios generales del aprendizaje del adulto: individualización, motivación, utilidad, practicidad, intereses, etc.
- Los principios de rigor, realismo y participación.
- El carácter eminentemente aplicativo de los aprendizajes.
- La posibilidad de transferir los aprendizajes al puesto de trabajo.
- Los recursos disponibles, incluido el tiempo.
- Los factores relacionados con los participantes, como el estilo de aprendizaje, la edad, el tamaño del grupo, la motivación, etc.

Una vez escogido el método, se observa que ninguno es químicamente puro, sino que unos participan de otros. Por lo demás, todo método puede ser adecuado o inadecuado dependiendo del modo en que sea empleado.

Los formadores deben utilizar los métodos flexiblemente, de la forma que mejor se adapten al estilo de formación, a la materia y a los alumnos, complementando cada método con la técnica y recurso didáctico más acorde.

7. La selección y planificación de medios y recursos didácticos

Para realizar cualquier acción formativa, hace falta algo más que elegir y aplicar unos métodos y unas técnicas. Son necesarios los medios y recursos didácticos, que van a ayudar a desarrollar la metodología seleccionada en el aula. Los medios y recursos didácticos permiten el trasvase de información formador-alumno.

Definición

Medios didácticos
Son materiales elaborados para facilitar los procesos de enseñanza-aprendizaje.

Recursos didácticos
Son soportes mediante los cuales se presentan los contenidos del curso a los alumnos.

A la hora de escoger el medio o recurso a utilizar, se deben tener en cuenta los siguientes criterios:

- **Características de la materia o tema.** Dependiendo de la naturaleza de los contenidos, éstos pueden ser transmitidos por unos u otros métodos.
- **Los objetivos del curso.** Toda selección de medios y estrategias de enseñanza deben realizarse en función de éstos.
- **La disposición del aula y el número de alumnos.** Hay que tener cuidado, sobre todo en la visibilidad de alguno de los recursos, porque pueden perder eficacia.
- **Tiempo disponible para la formación.** Este elemento tiene que estar siempre presente, porque, en función del tiempo que se tenga, se elegirá lo que se adapte mejor a las necesidades.
- **Recursos disponibles,** ya que en algunas ocasiones están a nuestro alcance.
- **El uso que se haga de ellos,** cuál es la finalidad, qué es lo que se pretende y en qué momento se van a utilizar.
- **El nivel de conocimiento de los alumnos** sobre el tema.

Todos estos puntos se han de tener en cuenta a la hora de escoger un medio o recurso didáctico. La finalidad de éstos no es otra que la de fundamentar, apoyar y reforzar el acto formativo.

8. La planificación de la evaluación del proceso de enseñanza-aprendizaje

La aplicación de programas de formación lleva a la obtención de unos determinados resultados. Éstos serán los frutos de la formación y mostrarán el grado de eficacia y eficiencia con que se lleva a cabo la función formativa.

Los resultados indican el éxito de la formación mediante su contraste con los objetivos fijados anteriormente. Este procedimiento recibe el nombre de **evaluación,** proceso ampliamente conocido y con trascendencia reconocida para la formación. Según el proceso de evaluación aplicado, los resultados obtenidos serán reales y fiables, o bien, falseados.

Para que los resultados de la evaluación muestren con certeza el grado de éxito alcanzado con la formación, es necesario un requisito previo: el establecimiento de criterios de evaluación durante el proceso de planificación de la formación. Los criterios actúan como puntos de referencia, a partir de los cuales se valoran los resultados obtenidos.

Los criterios de evaluación han de fijarse con mucha atención, ya que determinan el proceso de evaluación, y éste juzga el grado de éxito de la función formativa.

El primer aspecto a tener en cuenta es la validez: los criterios de evaluación han de ser válidos en relación a los elementos del proceso formativo.

Los aspectos que determinan el grado de validez de los criterios de evaluación son:

- La relevancia.
- La no deficiencia.
- La no contaminación.
- Su fiabilidad.

El establecimiento de criterios válidos y fiables permitirá elaborar un proceso de evaluación de la formación que mida rigurosamente la eficacia y la eficiencia de la función formativa.

9. El seguimiento formativo

El seguimiento es un proceso continuo que sirve para evaluar la eficacia del uso de los recursos y para saber qué iniciativas se pueden emprender para mejorar el aprovechamiento de los recursos formativos.

El seguimiento, además de realizarse después de haber finalizado la planificación formativa, también se realiza antes de la acción.

9.1. Características

El seguimiento formativo permite evaluar los distintos componentes (desde los alumnos hasta todos los elementos que forman la programación) que intervienen en él durante todo el proceso de formación.

El seguimiento formativo se diferencia de la evaluación en que éste tiene que ver más con tareas organizativas, de coordinación, administrativas, etc.; sin embargo, la evaluación valora aspectos de los procesos de formación, como pueden ser la comunicación, el aprendizaje de los nuevos conocimientos, etc.

Con la realización adecuada de un seguimiento formativo:

- Se pueden **descubrir errores o desajustes** en el proceso de enseñanza-aprendizaje antes de que se realice la evaluación final para comprobarlos.
- Se pueden **corregir los errores** en el momento en el que se están produciendo.
- Además, **se detectan los aspectos positivos** que tienen lugar a lo largo de todo el proceso y las **posibles mejoras** que se pueden realizar.

El seguimiento formativo tiene que ser realizado por todas las personas que están implicadas en la realización de los cursos de formación (tutores, coordinadores, técnicos, etc.), por ello, el formador es una figura importante en el proceso de formación, ya que se encuentra implicado en él.

El proceso de formación debe estar planificado, pensado y planteado antes de que empiece la acción de formación, nunca debe llevarse a cabo de manera cerrada, sino que tiene que estar abierto a cualquier cambio que se considere necesario.

9.2. Finalidad

Son varias las finalidades que persigue el seguimiento formativo:

- Ayudar a comprender por qué ocurren algunas cosas y qué se puede hacer para intervenir en ese proceso que se está llevando a cabo.
- Identificar y solucionar los problemas que surgen a lo largo del proceso.
- Contribuir para elaborar planes de formación de manera objetiva, sin desviarse de la finalidad éste.
- Colaborar en la disminución y control del uso de los recursos materiales.
- Determinar el nivel que puede alcanzar el rendimiento y relacionarlo con el rendimiento actual.
- Diagnosticar y detectar problemas para llevar a cabo las acciones correctivas pertinentes.

9.3. Planificación

El seguimiento formativo debe planificarse antes y durante la acción formativa.

El objetivo de este seguimiento es comprobar la eficacia de la acción formativa antes de que ésta llegue a su fin, es decir, es necesario que durante este proceso todos los elementos que van a formar parte del aprendizaje estén planificados.

Los dos momentos que hay que tener en cuenta para planificar el seguimiento formativo son:

- **Antes de la acción formativa:** es necesario conocer las necesidades, el perfil del alumno, qué materiales, instrumentos, recursos, medios didácticos se van a usar.

■ **Durante la acción formativa:** aquí el seguimiento se utiliza para comprobar los posibles errores y mejoras que se pueden llevar a cabo. Ofrece la posibilidad de poder modificar aquellas acciones o medios que dificultan el avance del aprendizaje.

10. Instrumentos para el seguimiento

A lo largo de un ciclo formativo pueden suceder errores y surgir problemas, esto abarca desde la identificación de necesidades hasta la planificación, el diseño, la implantación y la evaluación. Por todo esto, es importante saber cuál es la causa del problema y saber tomar las medidas oportunas para que no se origine nuevamente.

Para detectar el origen del problema, siempre se necesita una información determinada, ésta sólo se puede obtener mediante técnicas que ayuden a obtenerlas, es decir, que permitan recabar y analizar los datos obtenidos.

Para el seguimiento del proceso de enseñanza-aprendizaje, se pueden confeccionar diferentes tipos de instrumentos de evaluación, como pueden ser los cuestionarios y utilizar la observación directa, etc., si el tipo de formación lo permite (presencial o semipresencial). Estos instrumentos variarán según el tipo de datos que se quiera conseguir.

Un ejemplo de plantilla para recoger y analizar la información podría ser esta:

CURSO:		1º Módulo	2º Módulo	3ºMódulo
	Suficiente			
	Insuficiente			
Objetivos del módulo	Adecuado			
	Inadecuado			

Continúa en página siguiente >>

<< Viene de página anterior

CURSO:		1º Módulo	2º Módulo	3ºMódulo
Contenidos del módulo	Suficiente			
	Insuficiente			
	Adecuado			
	Inadecuado			
Metodología	Suficiente			
	Insuficiente			
	Adecuado			
	Inadecuado			
Actividades y recursos	Suficiente			
	Insuficiente			
	Adecuado			
	Inadecuado			
Recursos materiales	Suficiente			
	Insuficiente			
	Adecuado			
	Inadecuado			
Recursos humanos	Suficiente			
	Insuficiente			
	Adecuado			
	Inadecuado			
Proceso de evaluación	Suficiente			
	Insuficiente			
	Adecuado			
	Inadecuado			
Nivel de satisfacción del alumnado	Suficiente			
	Insuficiente			
	Adecuado			
	Inadecuado			

Para el seguimiento del aprendizaje, como la información que se obtiene es de diferente índole, se recogerá mediante la aplicación de las técnicas seleccionadas y elaboradas para la evaluación de cada uno de los aspectos planteados (observación directa de los trabajos, participación, cuestionarios acerca de la motivación y satisfacción del alumnado, etc.).

Por ejemplo, los contenidos que se podrían incluir en la "parrilla" de análisis son los siguientes:

CURSO		1er Módulo	2º Módulo	3er Módulo
Conceptos (comprende los contenidos conceptuales)	Con facilidad			
	Con normalidad			
	Con dificultad			
Procedimientos (aplica y desarrolla los contenidos procedimentales)	Con facilidad			
	Con normalidad			
	Con dificultad			
Actitudes (manifiesta las actitudes adecuadas a los contenidos)	Con facilidad			
	Con normalidad			
	Con dificultad			
Motivación y participación	Con facilidad			
	Con normalidad			
	Con dificultad			
Satisfacción del alumno	Con facilidad			
	Con normalidad			
	Con dificultad			

Dos de las herramientas básicas son:

- **Los diagramas de flujo:** éstos sirven para desglosar en forma de componentes, para presentar una clara imagen de lo que ocurre.
- **Los checklists:** éstos son especialmente útiles para garantizar que se han realizado todas las acciones necesarias. Es otro método de ayuda orientado a los formadores y participantes para preparar, utilizar y solucionar los problemas del equipamiento.

Otros métodos de seguimiento y control que pueden ayudar en la formación son:

- Las reuniones formales e informales.
- Pasar un informe de las sesiones, cuestionarios de satisfacción o formularios de evaluación del curso.
- Entrevistas de evaluación.

 **Recuerde**

Algunos de los instrumentos de seguimiento más utilizados son:

| Cuestionario de satisfacción
| Cuestionario de motivación
| Observación directa
| Reuniones formales e informales
| Entrevistas de evaluación

11. Metodología de la evaluación del diseño de formación

Los métodos empleados en la evaluación siempre suelen son los mismos, independientemente de que se evalúen los objetivos, los contenidos, los recursos, etc. A pesar de esto, hay que tener en cuenta que no se deben utilizar todos los métodos que se van a nombrar, sino que todo dependerá de lo que se esté evaluando.

Los métodos más frecuentes son:

- Observación sistemática.
- Observación mediante observadores externos o internos del grupo.
- Análisis de trabajo.
- Entrevistas personales.
- Situaciones de simulaciones.

- Diálogos, debates.
- Cuestionarios específicos.
- Inventarios.
- Grabaciones en vídeo.
- Etc.

11.1. Evaluación de los objetivos

Cuando se diseña el programa formativo, se deben concretar los objetivos que serán objeto de evaluación al finalizar el curso, para comprobar si éstos se han alcanzado o no.

Los objetivos marcan aquellos aspectos claves que debe adquirir el alumno para alcanzar unas competencias determinadas. Éstos determinarán lo que el alumno será capaz de saber y saber hacer al acabar el curso, en unas condiciones dadas y con unos medios determinados.

Si, al finalizar el curso, se observa que los objetivos no se han cumplido en su totalidad, hay que analizar cuál ha sido la causa de este error y corregirlos. Si se han cumplido los objetivos, habrá que determinar los motivos de éxito, para volver a ponerlos en práctica en futuros cursos.

Los objetivos marcados al inicio de la formación sirven para:

- Dirigir la formación, es decir, saber hacia dónde se quiere llegar con ésta.
- Comprobar qué se ha logrado.
- Facilitar la evaluación, ya que se sabe cuáles son los objetivos que hay que evaluar.
- Reorientar la formación en el mismo momento que se está realizando.
- Elegir los métodos más adecuados para la formación.

La evaluación de los objetivos debe medirse atendiendo a:

- **Objetivos generales:** son utilizados para saber cuáles son las competencias generales.
- **Objetivos específicos:** parten de los objetivos generales.

■ **Objetivos operativos:** son derivados de los específicos. Son objetivos más concretos y siempre deben estar relacionados con actividades u operaciones determinadas. Son los más fáciles de medir.

Ejemplo

Objetivos específicos para evaluar un curso de primeros auxilios:

❙ Aprender los conceptos básicos y generales de los primeros auxilios.
❙ Adquirir las habilidades y aplicar los principios de actuación para poder reaccionar adecuadamente en situaciones de urgencia.
❙ Conocer los aspectos jurídicos relacionados.

11.2. Evaluación de los contenidos

La evaluación de los contenidos se realizará para comprobar si los objetivos que se habían marcado al principio de la formación se han logrado, así como para eliminar aquellos contenidos que no aportan nada al curso.

Se debe tener siempre en cuenta que se puede lograr un mismo objetivo de formación utilizando diversos contenidos.

Para evaluar los contenidos, hay que comprobar si se ha seguido una secuencia lógica a la hora de impartirlos. Esta secuencia permite que los contenidos sean adquiridos por los alumnos de una manera más significativa, es decir, facilita el aprendizaje de los mismos.

Para que la evaluación de los contenidos resulte positiva, éstos deben ir expuestos:

■ De acuerdo con los objetivos propuestos y con los plazos previstos para conseguirlos.
■ De lo conocido a lo desconocido.

- De lo inmediato a lo remoto.
- De lo concreto a lo abstracto.
- De lo fácil a lo difícil.

Otro aspecto a tener en cuenta para que la evaluación de los contenidos sea positiva, es que éstos se deben estructurar adecuadamente, por ejemplo, mediante módulos, unidades didácticas, etc. Éstas tienen que abarcar los conocimientos, las habilidades y las actitudes que capacitan al alumno para poner en práctica las funciones que desempeñará en su puesto de trabajo. Por lo general, se pueden constituir equivalencias entre objetivos generales y cursos, objetivos específicos y módulos, unidades didácticas, etc. así como entre objetivos operativos y sesión formativa,.

 Ejemplo

Siguiendo el ejemplo anterior de primeros auxilios, los contenidos que se evaluarán para comprobar si se han logrado o no los objetivos anteriormente propuestos, son:

I Primeros auxilios: conceptos generales.
I Soporte vital básico (reanimación cardio-pulmonar)-adultos.
I Soporte vital básico-niños.
I Soporte vital instrumental.
I Traumatismos osteoarticulares. Inmovilizaciones (vendajes y férulas improvisadas).
I Movilización de urgencia y posiciones de espera.
I Traumatismos craneales y vertebro-medulares.
I Otras situaciones de emergencia.

11.3. Evaluación de la metodología

La evaluación de la metodología consiste en comprobar que los métodos que se han utilizado son los adecuados para lograr los objetivos formativos, aunque éstos deben ser flexibles a la hora de utilizarlos, ya que deben adaptarse a la materia tratada, a los alumnos, a los recursos disponibles, etc.

Para conseguir que la evaluación de la metodología sea positiva, se deben tener en cuenta las características que se emplean para definir un método. Éstas pueden ser:

- Presentar y mostrar la problemática del tema para que, a través de la reflexión y el esfuerzo, el alumno pueda resolverla.
- Respetar tanto la libertad de expresión como de creación.
- Las actividades que están destinadas al alumno tienen que ser dirigidas por el formador para que el alumno reflexione y participe.
- Motivar al alumno, relacionando los temas con sus intereses, motivaciones y necesidades.
- Organizar los nuevos aprendizajes para que se integren con los ya adquiridos.
- Tener en cuenta las limitaciones y las posibilidades que tiene cada alumno.
- Dar lugar a la acción individualizada a través de tareas que requieran planteamientos y acciones individualizadas.

11.4. Evaluación de actividades y recursos

Las **actividades** son unos elementos que acompañan a los contenidos formativos, ya que éstas refuerzan los contenidos que son expuestos por el formador. Siempre debe existir coordinación entre ambos, para esto se deben seleccionar adecuadamente tanto los métodos como las técnicas.

Para evaluar las diversas actividades que se han desarrollado, hay que formular una serie de preguntas para saber si las actividades han sido eficaces o han fallado en su ejecución. Algunas de estas preguntas pueden ser:

- ¿Qué ha hecho el alumno?
- ¿Ha sabido aplicar los conocimientos necesarios para lograr resolver las actividades?
- ¿Valora y comprende la finalidad de la actividad?
- ¿Ha mostrado interés en la realización de la misma?
- ¿Qué ha aprendido?
- ¿Han sido válidas las actividades?

- ¿Cuáles han fallado? ¿Por qué?
- ¿Se han alcanzado los objetivos?
- Etc.

Junto con las actividades, los recursos también tienen que ser evaluados, ya que de ellos va a depender en cierta manera la eficacia de las actividades. Por eso, en la evaluación de los recursos hay que tener en cuenta la eficacia de aquellos que se han utilizado y cuáles son los que se hubieran necesitado para desarrollar el curso.

Se pueden distinguir varios criterios para evaluar la eficacia de los recursos:

- Su calidad, porque actúa como mediador entre la realidad y la estructura cognitiva del alumno.
- El contexto metodológico, ya que todo va a depender de la metodología usada por el formador.
- Los propios alumnos, sus motivaciones, intereses, etc.
- La experiencia del formador en el manejo de los diversos recursos, sus habilidades, etc.

También es necesario tener en cuenta qué evaluar de los recursos:

- La rentabilidad de éstos.
- El aprovechamiento para distintas finalidades.
- El mantenimiento.
- La actualización, deben adaptarse a las nuevas tecnologías.
- La adecuación al proceso de enseñanza-aprendizaje.
- Posibilitar la acción, estimular y responder a las curiosidades presentes en el alumnado.

11.5. Evaluación del formador

La figura del formador es muy importante a lo largo de todo el proceso formativo, ya que, en cierta manera, el éxito o el fracaso de la formación recae sobre él, por lo tanto, es imprescindible conocer previamente a la persona que va a impartir un curso.

El formador es el mediador entre los contenidos y los alumnos, por lo que debe evaluarse de forma continua y a lo largo de todo el proceso de enseñanza-aprendizaje, así como al final del proceso, momento en que se comprobará si los métodos y estrategias que ha diseñado y utilizado han sido los adecuados, introduciendo posibles modificaciones para las prácticas futuras.

La evaluación del formador se puede realizar desde varias vertientes, en cada una de ellas se evalúan aspectos diferentes, pero todas persiguen el mismo fin, que es fomentar la calidad de la formación.

Evaluación realizada por los alumnos

Los alumnos pueden evaluar aspectos como la relación del formador con los alumnos, la organización de las sesiones, el control de clase, la efectividad de la enseñanza, etc.

En la siguiente tabla se muestra un cuestionario a modo de ejemplo:

Marque la opción que más se adecúe a las características que prevalecieron a lo largo del curso

1. Las oportunidades que tuve para realizar preguntas en clase fueron:
   a. Frecuentes
   b. Regulares
   c. Escasas
   d. Muy escasas

2. El interés que mostró el formador respecto a los alumnos fue:
   a. Satisfactorio
   b. Regular
   c. Poco
   d. Muy pobre

3. El clima existente en el aula fue:
   a. Bueno
   b. Regular
   c. Tenso
   d. Malo

Continúa en página siguiente >>

<< Viene de página anterior

**Marque la opción que más se adecúe a las características
que prevalecieron a lo largo del curso**

4. En la prueba final se evaluaban los contenidos dados a lo largo del curso:
   a. Sí
   b. No

5. El material presentado en el curso fue:
   a. Original
   b. Poco original
   c. Nada original

6. Las actividades que realicé para asimilar los contenidos fueron:
   a. Útiles
   b. Regulares
   c. Pobres
   d. Inútiles

7. El contenido marcado para el curso se expuso en su totalidad:
   a. Sí
   b. No

8. El grupo de alumnos afectó a mi aprendizaje:
   a. De manera positiva
   b. De manera negativa
   c. No me afectó

9. El material audiovisual me pareció:
   a. Atractivo
   b. Regular
   c. Inadecuado

10. Los procesos, problemas y soluciones experimentados en el trabajo en
    grupo fueron:
    a. Bien planteados
    b. Regular planteados
    c. Mal planteados

11. Las exposiciones por parte del docente me parecieron:
    a. Buenas
    b. Regulares
    c. Malas

Continúa en página siguiente >>

<< Viene de página anterior

Marque la opción que más se adecúe a las características que prevalecieron a lo largo del curso

12. La actuación del profesor durante el curso evidenció:
    a. Un elevado conocimiento de la materia
    b. Un mediano conocimiento
    c. Un escaso conocimiento

13. El profesor supo controlar las conductas perturbadoras sucedidas a lo largo del curso de forma:
    a. Eficaz
    b. Regular
    c. Ineficaz

14. El ritmo que siguió el profesor al exponer los contenidos me pareció:
    a. Muy bueno
    b. Satisfactorio
    c. Monótono

15. La secuencia de presentación de los contenidos del curso fue:
    a. Lógica
    b. Regular
    c. Arbitraria

16. La actuación del profesor despertó interés y motivación:
    a. Muchas veces
    b. Algunas veces
    c. Pocas veces
    d. Ninguna vez

Evaluación realizada por el propio formador

En esta evaluación, el formador va a evaluar la preparación del curso, el desarrollo del mismo, y también realizará una evaluación propia de su actuación como formador.

En la siguiente tabla se muestra un cuestionario a modo de ejemplo:

Marque la opción que más se adecúe a las características que prevalecieron a lo largo del curso

A. PREPARACIÓN DEL CURSO

1. ¿Cómo ha sido el tiempo con el que ha contado?
   a. Suficiente
   b. Insuficiente

¿Por qué? _____

2. ¿Cómo considera la distribución de las sesiones del curso?
   a. Adecuadas
   b. Inadecuadas

¿Por qué? _____

3. ¿Ha dispuesto de las guías didácticas del curso?
   a. Sí
   b. No

¿Por qué? _____

4. ¿Ha dispuesto de los recursos necesarios para la preparación de sus sesiones?
   a. Sí
   b. No

¿Cuáles le han hecho falta? _____

5. Teniendo en cuenta su nivel de formación, ¿ha necesitado apoyo por parte de la dirección del curso?
   a. Sí
   b. No

¿Cómo ha sido el apoyo? _____

B. DESARROLLO DEL CURSO

6. ¿El desarrollo de las sesiones (distribución y tiempo) se ha correspondido con la planificación prevista?
   a. Sí
   b. No

7. ¿La metodología utilizada para el desarrollo de las sesiones ha propiciado la participación e implicación del alumnado?
   a. Sí
   b. No

¿Por qué? _____

Continúa en página siguiente >>

<< Viene de página anterior

Marque la opción que más se adecúe a las características que prevalecieron a lo largo de curso

8. ¿Considera que el clima del curso ha sido el adecuado?
   - a. Sí
   - b. No

¿Por qué? _____

9. ¿El contexto donde se ha desarrollado el curso ha sido adecuado y oportuno?
   - a. Sí
   - b. No

¿Por qué? _____

10. ¿Ha conseguido los objetivos propuestos?
    - a. Sí
    - b. No

¿Por qué? _____

C. AUTOEVALUACIÓN

11. Evalúe de 1 a 4 los siguientes apartados relacionados con su intervención como formador, donde:

    1. Considero imprescindible mejorar mi formación en este aspecto.
    2. Considero necesario mejorar mi formación en este aspecto.
    3. Cuento con recursos necesarios para el desarrollo ajustado del curso, pero podría encontrar dificultades si éste cambia el rumbo prefijado.
    4. Mi formación al respecto es adecuada y dispongo de recursos suficientes para el desarrollo óptimo del curso.

	1	2	3	4
Dominio de los contenidos				
Metodología/didáctica empleada				
Comunicación con el alumnado				
Trabajo en equipo				

D. AMPLIACIÓN

Puede anotar a continuación cualquier aportación que desee realizar y no haya sido considerada en este cuestionario.

_____

_____

11.6. Tipos de evaluación

Existen diferentes tipos de evaluación, cada una se aplicará atendiendo a diferentes criterios.

Según su finalidad o función de la evaluación

Diagnóstica

Esta evaluación, como su nombre indica, tiene un carácter diagnóstico, ya que permite que se conozcan las potencialidades del alumno. De esta manera, la actividad didáctica se dirige de forma más efectiva.

Formativa

Se utiliza como estrategia para mejorar y ajustar los procesos formativos en el momento que se están llevando a cabo, para alcanzar las metas y los objetivos marcados. La evaluación formativa es aplicable a la evaluación de procesos.

Sumativa

Se aplica a la evaluación de productos terminados, es decir, se sitúa concretamente cuando finaliza un proceso, cuando éste se considera acabado. Su propósito es determinar el grado en que se han conseguido los objetivos establecidos, para evaluar de forma positiva o negativa el resultado. Esta evaluación permite tomar medidas tanto a medio como a largo plazo.

Según el momento de aplicación de la evaluación

Inicial

Se produce al principio del proceso de enseñanza-aprendizaje. La función que tiene la evaluación inicial es identificar el nivel de conocimientos que tienen los alumnos que inician un curso y, de esta manera, comprobar si los alumnos cuentan con los conocimientos necesarios para comenzarlo, y determinar si es posible impartirlo de acuerdo al programa formativo o si se requiere alguna modificación.

Procesual

La evaluación procesual se basa en valorar, de forma continua, el aprendizaje de los alumnos y la enseñanza del profesor, a través de la recogida sistemática de datos, toma de decisiones, etc.

La evaluación procesual es totalmente formativa, ya que, al favorecer la recogida continua de datos, permite tomar decisiones en el mismo momento que se considere necesario.

Los resultados que se obtienen forman la base permanente para el formador a la hora de programar las actividades diarias, así como para establecer las actividades y los procedimientos más apropiados. De esta manera, se evitan las dificultades que se puedan producir en los aprendizajes que se están llevando a cabo. La finalidad de todo esto es evitar errores y vacíos en los aprendizajes posteriores.

Final

La evaluación final es aquella que se realiza al finalizar la formación, por lo tanto ésta recoge y valora los resultados obtenidos a lo largo de un periodo formativo.

Según su extensión

Global

Tiene en cuenta todos los elementos y procesos que guardan relación con todo lo que es objeto de evaluación. Por ejemplo, si se trata de evaluar el proceso de aprendizaje de los alumnos, esta evaluación se centra en todas las áreas en general, pero sobre todo en los diversos tipos de contenidos de enseñanza (conceptos, procedimientos, valores, normas, etc.).

Parcial

Esta evaluación no se realiza de manera global, sino que se lleva a cabo por partes, es decir, evalúa los componentes que más interesan.

Según los agentes que realizan la evaluación

Autoevaluación o evaluación interna

Es el proceso sistemático mediante el cual una persona o grupo examina y valora sus procedimientos, comportamientos y resultados, para identificar qué quiere corregir o modificar en él. La evaluación interna muestra que los alumnos están más motivados a la hora de realizar una tarea difícil. La puesta en práctica de la autoevaluación no conlleva que el profesorado abandone sus funciones, sino que implica una concepción diferente de la enseñanza.

La autoevaluación ofrece al estudiante ayuda para descubrir sus necesidades, cantidad y calidad de su aprendizaje, causas de sus problemas, dificultades y éxitos en el estudio. De esta manera, el alumno puede conocerse de manera más concreta.

Heteroevaluación o evaluación externa

La evaluación externa es realizada o llevada a cabo por otra persona que no es el protagonista del aprendizaje. En esta evaluación, lo más frecuente es que el profesor evalúe al alumno.

TIPOS DE EVALUACIÓN	
Según su finalidad o función	- Diagnóstica - Formativa - Sumativa

Continúa en página siguiente >>

<< Viene de página anterior

TIPOS DE EVALUACIÓN

Según su momento de aplicación	- Inicial - Procesual - Final
Según su extensión	- Global - Parcial
Según los agentes que la realizan	- Autoevaluación o evaluación interna - Heteroevaluación o evaluación externa

Solucionarios de ejercicios de repaso y autoevaluación

Contenido

Solucionario 1
Preparación de proyectos de diseño gráfico

Solucionario Capítulo 1

1. ¿Qué es un proyecto gráfico?

Un proyecto gráfico es un conjunto de actividades planificadas y coordinadas que tienen como objetivo la creación o desarrollo de productos de diseño gráfico tanto impresos como digitales.

2. Complete las siguientes frases:

La **metodología** en proyectos de diseño gráfico desempeña un papel crucial, al proporcionar una estructura organizada desde la concepción hasta la entrega final.

El **informe de registro** o *briefing* es un documento vital en el proceso de diseño gráfico.

3. Indica si las siguientes afirmaciones son verdaderas o falsas.

a. Un proyecto gráfico siempre implica la creación de productos impresos.

☐ Verdadero
☑ **Falso**

b. El *briefing* no es necesario para entender las expectativas del cliente.

☐ Verdadero
☑ **Falso**

c. Conocer el mercado de materiales y servicios permite a una empresa tomar decisiones informadas sobre qué productos utilizar en sus proyectos.

☑ **Verdadero**
☐ Falso

d. El análisis DAFO evalúa solo los factores internos de una empresa.

☐ Verdadero
☑ **Falso**

4. Una los siguientes conceptos con su definición.

     a. *Briefing*
     b. *Engagement*
     c. *Leads*
     d. DAFO

     b. Nivel de compromiso con una actividad, producto o marca.
     a. Documento que recopila información esencial para el diseño gráfico.
     c. Personas o empresas interesadas en los productos o servicios de una empresa.
     d. Herramienta de planificación estratégica que evalúa factores internos y externos.

5. Enumere los componentes principales de un informe de registro.

Los componentes principales son: resumen, información del cliente, objetivos del proyecto, público objetivo, competencia, requisitos técnicos, limitaciones, cronograma, recursos, presupuesto, revisión y aprobación, y términos legales.

6. Explique la importancia de la metodología en un proyecto gráfico.

La metodología en un proyecto gráfico proporciona una estructura organizada desde la concepción hasta la entrega final, garantizando la eficiencia y la calidad del trabajo, al evitar la improvisación y establecer controles en cada etapa del proyecto. Mejora la gestión de recursos al permitir una asignación eficiente de personal, presupuesto y materiales, y fomenta la colaboración y la comunicación efectiva dentro del equipo y con el cliente.

7. Explique en qué consiste al análisis DAFO en un proyecto gráfico.

El análisis DAFO en un proyecto gráfico es una herramienta utilizada para evaluar tanto los factores internos (fortalezas y debilidades) como los factores externos (oportunidades y amenazas) que pueden afectar el objetivo o la viabilidad de un proyecto. Permite definir una estrategia de diseño que aproveche las fortalezas del cliente y aborde las amenazas del entorno, mientras se aprovechan las oportunidades disponibles, mejorando así la comprensión del contexto del proyecto y facilitando la toma de decisiones informadas.

8. ¿Qué es un boceto?

El boceto es una representación visual preliminar y esquemática de una idea, concepto o diseño en un proyecto gráfico.

9. Explique cómo la comprensión del mercado de materiales y servicios puede impactar en la calidad final del producto gráfico.

La comprensión del mercado de materiales y servicios permite a la empresa tomar decisiones informadas sobre qué productos utilizar en sus proyectos, asegurando que se ofrezcan productos que cumplan y superen las expectativas de los clientes. Cada decisión, desde la selección del papel hasta la técnica de impresión, impacta en la calidad final del producto y en la percepción que los clientes tienen de la marca, optimizando procesos y costes.

10. Explique cómo la comprensión del mercado de materiales y servicios puede impactar en la calidad final del producto gráfico.

Las técnicas de incentivación de la creatividad en el proceso de diseño gráfico son cruciales para fomentar la innovación y la excelencia en el diseño. Organizar sesiones de lluvia de ideas, crear un entorno de trabajo creativo, fomentar la diversidad en el equipo y explorar referencias visuales ayudan a estimular la creatividad. La creatividad permite la combinación innovadora de elementos visuales, el uso ingenioso de la tipografía y la experimentación con nuevas formas y estilos, resultando en diseños originales y distintivos.

11. ¿Cuál es el propósito principal de un *briefing* en un proyecto gráfico? Seleccione la respuesta correcta.

    a. Establecer un cronograma detallado de producción.
    b. Recopilar información esencial del cliente para guiar el proyecto.
    c. Definir los materiales que utilizar en el proyecto.
    d. Evaluar la competencia en el mercado.

12. **¿Cuál de las siguientes técnicas NO se utiliza comúnmente para fomentar la creatividad en un proyecto gráfico?**

    a. Sesiones de lluvia de ideas
    b. **Investigación de mercado**
    c. Creación de mapas mentales
    d. Exploración de referencias visuales

13. **Defina *briefing* y explique su importancia en el proceso de diseño gráfico.**

El *briefing* es un documento vital en el proceso de diseño gráfico, pues recopila información esencial proporcionada por el cliente al diseñador. Su propósito principal es garantizar que todos los miembros del equipo involucrados en el proyecto comprendan claramente los objetivos y expectativas desde el inicio. El *briefing* establece metas, define el alcance del proyecto y proporciona una guía valiosa sobre posibles soluciones y enfoques que seguir.

14. **¿Qué pasos se deben seguir para delimitar los requerimientos del cliente en el *briefing*?**

Los pasos para delimitar los requerimientos del cliente en el *briefing* son:

- Identificar los objetivos
- Definir el alcance
- Especificar los requisitos técnicos
- Identificar las limitaciones del proyecto
- Incorporar el estilo de la marca
- Presentar documentación
- Confirmar

15. **¿Qué papel desempeña la prospección de materiales en un proyecto gráfico y por qué es importante?**

La prospección de materiales en un proyecto gráfico implica investigar y evaluar diferentes opciones de materiales disponibles para determinar cuáles son los más adecuados para el producto específico en cuestión. Este proceso es crucial porque garantiza que se seleccionen materiales que cumplan con los requisitos de calidad, funcionalidad y estética del proyecto. Además, permite optimizar los costes y asegurar la disponibilidad de los materiales necesarios, lo que contribuye a la eficiencia y éxito del proyecto

gráfico. La prospección también ayuda a anticipar posibles problemas y a tomar decisiones informadas que mejoren la calidad y el impacto visual del producto final.

Solucionario Capítulo 2

1. **¿Cuál de los siguientes es un criterio fundamental para clasificar empresas según su tamaño?**

   a. Color del logo
   b. Número de empleados
   c. Forma jurídica
   d. Tipo de producto

2. **¿Qué sector incluye actividades relacionadas con la investigación, desarrollo, innovación y tecnología avanzada?**

   Es el sector cuaternario.

3. **¿Cuál de las siguientes es una característica común de las microempresas?**

   a. Tienen cientos de empleados.
   b. Son operadas por grandes corporaciones.
   c. Suelen tener un número muy pequeño de empleados.
   d. Operan en múltiples países.

4. **Complete las siguientes frases:**

   Las empresas más pequeñas, como las microempresas y las **pymes,** suelen ser más flexibles en la toma de decisiones y la implementación de cambios estratégicos.

   El sector **terciario** se centra en la prestación de servicios a las personas y a otras empresas.

5. **Clasifique las siguientes características como pertenecientes a microempresas, pequeñas empresas, medianas empresas o grandes empresas.**

   a. Tiene menos de 10 empleados.
   b. Su estructura organizativa está jerarquizada.

    c. Operan en múltiples países.
    d. Suelen depender de financiamiento externo.

a. Microempresas
d. Pequeñas empresas
b. Medianas empresas
c. Grandes empresas

6. Defina qué es una pyme.

Es el acrónimo de pequeñas y medianas empresas. En este concepto se incluyen aquellas empresas que cuentan con menos de 250 trabajadores y que facturan menos de 50 millones de euros al año.

7. Indique si las siguientes oraciones son verdaderas o falsas:

    a. Las grandes empresas suelen tener menos recursos financieros que las pequeñas empresas.

        ☐ Verdadero
        ☑ **Falso**

    b. La imagen corporativa es la percepción que tienen los clientes, empleados e inversores sobre una empresa.

        ☑ **Verdadero**
        ☐ Falso

8. Indique a qué conceptos corresponden las siguientes definiciones:

    a. Proceso de creación de la identidad de una empresa.
    b. Empresa que ofrece productos similares en el mismo mercado.
    c. Sector de una empresa cuyo enfoque principal es servir a la comunidad y cumplir con las necesidades y expectativas del público en general.
    d. Sector económico relacionado con la extracción de recursos naturales.

a. *Branding*
d. Primario

b. Competencia
c. Público

9. ¿Cuál es la importancia de analizar la competencia en el contexto empresarial?

Analizar la competencia es crucial porque proporciona información valiosa que ayuda a la empresa a tomar decisiones informadas y desarrollar estrategias efectivas. Permite identificar oportunidades para diferenciarse, mejorar la oferta y mantenerse relevante.

10. Explique por qué es importante para una empresa estar a la vanguardia de la innovación en la industria gráfica.

Estar a la vanguardia de la innovación en la industria gráfica es crucial porque permite a la empresa mantenerse competitiva, atraer y retener clientes, y responder rápidamente a las tendencias y demandas del mercado. Además, la innovación puede mejorar la eficiencia operativa y la calidad de los productos y servicios.

11. Complete la siguiente frase.

El análisis de los servicios que un cliente puede ofrecer implica examinar detalladamente las **capacidades, recursos** y **ventajas** competitivas que tiene para satisfacer las necesidades y expectativas de sus clientes.

12. Clasifique las siguientes empresas en su sector.

 a. Empresa de desarrollo de *software*
 b. Agencia de publicidad
 c. Organización gubernamental
 d. Empresa minera

d. Sector primario
a. Sector secundario
b. Sector terciario
c. Sector quinario

13. Una cada concepto de la columna A con su correspondiente descripción en la columna B.

A	B
a. Sector primario b. Microempresa c. Competencia directa d. *Branding* corporativo e. Sector cuaternario	**b.** Empresa con menos de 10 empleados **a.** Actividades relacionadas con la extracción de recursos naturales **d.** Proceso de construcción y gestión de la identidad de una empresa **e.** Actividades relacionadas con la investigación, el desarrollo y la innovación **c.** Empresas que ofrecen productos o servicios similares en el mismo mercado

14. ¿Cómo influye el tamaño de una empresa en su capacidad para competir en el mercado? Indique las razones argumentando con los distintos tipos de empresa.

El tamaño de una empresa influye significativamente en su capacidad para competir en el mercado por varias razones. Las grandes empresas suelen tener más recursos financieros, lo que les permite invertir en investigación y desarrollo, *marketing* y expansión geográfica. Sin embargo, las pymes tienden a ser más flexibles y adaptables a los cambios en el mercado. Pueden tomar decisiones rápidamente y ajustar sus estrategias según las tendencias emergentes y las demandas de los clientes. A menudo pueden ofrecer un servicio más personalizado y establecer relaciones más estrechas con sus clientes.

Por otra parte, aunque las grandes empresas tienen más recursos para la innovación, las pequeñas empresas pueden ser más innovadoras, debido a su agilidad y capacidad para experimentar con nuevas ideas sin la burocracia que limita a las grandes empresas.

15. ¿Por qué es importante el análisis de la competencia en la estrategia empresarial?

El análisis de la competencia es crucial para cualquier estrategia empresarial, ya que ofrece una visión clara del entorno competitivo y ayuda a identificar oportunidades y amenazas. Conociendo a los principales competidores, sus productos, fortalezas y debilidades, una empresa puede posicionarse mejor en el mercado y desarrollar estrategias diferenciadas. Además, permite anticipar cambios, adaptarse a las tendencias y mejorar productos y servicios, al implementar mejores prácticas observadas en la industria. Esta información es vital para tomar decisiones informadas y evaluar riesgos y beneficios.

Solucionario Capítulo 3

1. **¿Cuál de los siguientes no es un tipo de papel utilizado en impresión gráfica?**

   a. Papel estucado
   b. Papel reciclado
   c. Papel texturizado
   d. Papel laminado

2. **¿Cuál es la principal característica del papel fotográfico?**

   La principal característica es su alta resolución de impresión.

3. **Defina qué es el proceso de estucado del papel.**

   El estucado del papel es un proceso en el que se aplica una capa de pigmento fino y adhesivo sobre la superficie del papel para mejorar su suavidad y brillo, resultando en una mayor calidad de impresión.

4. **¿Qué se entiende por calandrado del papel?**

   El calandrado del papel es un proceso en el que el papel pasa a través de una serie de rodillos calentados para darle un acabado liso y brillante, para mejorar su densidad y uniformidad.

5. **Indique si la siguiente frase es verdadera o falsa y justifique su respuesta: "Las tintas UV se utilizan principalmente por su rápida capacidad de secado y resistencia a la luz".**

   ☑ **Verdadero**
   ☐ Falso

   Las tintas UV se secan rápidamente bajo luz ultravioleta. Son conocidas por su durabilidad y resistencia a la decoloración.

6. **¿El proceso de blanqueo del papel tiene impacto ambiental?**

Sí, puede tener un impacto ambiental significativo, debido al uso de productos químicos, aunque se están desarrollando métodos más sostenibles.

7. **Enumere cuatro tipos de acabados utilizados en la impresión gráfica.**

Son: mate, brillo, laminado y barnizado.

8. **Mencione tres tipos de tintas utilizadas en la impresión y describa una característica de cada una.**

■ Tintas a base de agua: son amigables con el medio ambiente y se utilizan principalmente en embalajes y etiquetas.
■ Tintas a base de solventes: ofrecen una gran durabilidad y resistencia al agua, utilizadas en aplicaciones exteriores.
■ Tintas UV: se secan rápidamente bajo luz ultravioleta y son resistentes a la decoloración.

9. **Describa el proceso de obtención de fibras de celulosa para la fabricación de papel, mencionando las diferencias entre los métodos mecánicos y químicos.**

El proceso de obtención de fibras de celulosa involucra la separación de las fibras de madera o materiales reciclados. En el método mecánico, las fibras se separan mediante trituración y molienda, produciendo un papel con menor durabilidad. En el método químico, se utilizan productos químicos para disolver la lignina y separar las fibras, resultando en un papel de mayor calidad y durabilidad.

10. **Complete la siguiente oración:**

El papel **estucado** es conocido por su alta calidad de impresión. Es utilizado frecuentemente en la producción de revistas y catálogos.

11. **Explique cómo la elección del soporte puede afectar la percepción y funcionalidad del producto gráfico. Proporcione ejemplos concretos.**

La elección del soporte afecta tanto la percepción como la funcionalidad del producto gráfico. Por ejemplo, un papel estucado puede mejorar la calidad visual y la percepción de lujo en una revista, mientras que un papel reciclado puede transmitir un mensaje de sostenibilidad en un folleto ecológico. La funcionalidad también se ve afectada, ya que un papel fotográfico es necesario para impresiones de alta resolución, mientras que un papel texturizado puede ser preferido para invitaciones artísticas.

12. **Clasifique los siguientes tipos de papel en categorías de uso: papel estucado, papel reciclado, papel texturizado o papel fotográfico.**

    a. Uso comercial
    b. Uso artístico
    c. Uso fotográfico

    a. Papel estucado
    c. Papel fotográfico
    a. Papel reciclado
    b. Papel texturizado

13. **Una cada concepto de la columna izquierda con su correspondiente descripción de la columna derecha.**

	b. Un proceso que mejora la suavidad y el brillo del papel usando rodillos calentados
a. Papel estucado	**c.** Papel producido a partir de materiales reutilizados, lo que contribuye a la sostenibilidad
b. Calandrado	
c. Tintas UV	**a.** Un tipo de papel con una capa de pigmento y adhesivo para mejorar la calidad de impresión
d. Papel reciclado	
e. FSC *(Forest Stewardship Council)*	**e.** Una certificación que garantiza la gestión forestal sostenible y responsable
	c. Tintas que se secan rápidamente bajo luz ultravioleta y son resistentes a la decoloración

14. **Recientemente se han incorporado notables innovaciones en la sostenibilidad de la producción de papel. ¿Qué avances se han hecho y cómo impactan en la industria gráfica?**

Las innovaciones recientes en la sostenibilidad de la producción de papel incluyen el desarrollo de procesos de blanqueo sin cloro, el uso de fibras recicladas y la implementación de certificaciones de sostenibilidad como FSC y PEFC. Estos avances han reducido significativamente el impacto ambiental de la producción de papel al promover prácticas forestales responsables y aumentar el uso de materiales reciclados. La industria gráfica se ha beneficiado de estas innovaciones mediante la reducción de costos y la mejora de su imagen pública, lo que ha atraído a los consumidores preocupados por el medio ambiente.

15. **Explique la importancia de las certificaciones FSC y PEFC en la industria gráfica y cómo benefician al medioambiente y a los consumidores.**

Las certificaciones FSC *(Forest Stewardship Council)* y PEFC *(Programme for the Endorsement of Forest Certification)* son esenciales en la industria gráfica porque garantizan que el papel proviene de bosques gestionados de manera sostenible. Estas certificaciones promueven la conservación de la biodiversidad, la protección de los ecosistemas forestales y el respeto a los derechos de los trabajadores y comunidades locales. Para los consumidores, estas certificaciones ofrecen la tranquilidad de saber que los productos que compran apoyan prácticas responsables y sostenibles, o sea, que contribuyen a la protección del medioambiente.

Solucionario Capítulo 4

1. **¿Qué es el presupuesto de un proyecto gráfico?**

   El presupuesto de un proyecto gráfico es una herramienta financiera que permite estimar y controlar todos los costos asociados con el desarrollo del proyecto, desde la fase de conceptualización hasta la entrega final, asegurando que se mantenga dentro de los límites económicos establecidos.

2. **Indique si la siguiente definición pertenece a los costes directos o indirectos de un producto.**

   "Son aquellos gastos que se pueden asignar directamente a la producción de un producto gráfico, como los costes de materiales y mano de obra directamente involucrada en el diseño y fabricación del producto."

   Pertenece a los costes directos

3. **Una los conceptos con sus definiciones correctas.**

   a. Costes directos
   b. Costes indirectos
   c. Diagrama PERT
   d. Margen de beneficio

   c. Utiliza nodos y flechas para representar tareas y dependencias.
   b. Gastos que no se pueden asignar directamente a un producto específico.
   d. Diferencia entre el coste total y el precio de venta.
   a. Gastos directamente relacionados con la producción del producto.

4. **¿Qué es un diagrama de Gantt?**

   Un diagrama de Gantt es una herramienta de gestión visual que muestra el cronograma de un proyecto a través de barras horizontales. Indica las tareas a realizar, su duración y las fechas de inicio y finalización.

5. **¿En qué fases del proyecto gráfico se realizan las siguientes tareas?**

   a. Supervisión del proceso de producción.
   b. Reunión de *briefing* inicial con el cliente.
   c. Revisión de maquetas con el cliente.
   d. Coordinación de la entrega del producto final.

   c. Maquetas
   b. Creación
   d. Distribución
   a. Fabricación

6. **Complete las frases con las palabras correctas.**

   El diagrama **PERT** utiliza tiempos optimistas, probables y pesimistas para calcular el tiempo esperado.

   La **estimación** de costos es fundamental para un presupuesto preciso.

7. **¿Qué tipo de diagrama es útil para visualizar el cronograma de un proyecto?**

   El diagrama de Gantt es útil para ese cometido.

8. **Indique si las siguientes afirmaciones son verdaderas o falsas.**

   a. Los costes directos incluyen el alquiler de la planta y los sueldos del personal administrativo.

      ☐ Verdadero
      ☑ **Falso**

   b. El diagrama de PERT es ideal para mostrar el cronograma de un proyecto con barras horizontales.

      ☐ Verdadero
      ☑ **Falso**

c. El margen de beneficio es el porcentaje añadido al coste unitario para establecer el precio de venta.

    ☑ **Verdadero**
    ☐ Falso

9. **Enumere las fases del proyecto gráfico en orden cronológico.**

   1. Creación del proyecto
   2. Elaboración de maquetas
   3. Fabricación
   4. Distribución
   5. Evaluación y cierre del proyecto

10. **¿Cuáles son los pasos para calcular el precio de venta de un producto gráfico?**

    1. Calcular el coste directo total.
    2. Calcular el coste indirecto total.
    3. Sumar los costes directos e indirectos para obtener el coste total de producción.
    4. Dividir el coste total de producción entre el número de unidades producidas para obtener el coste unitario.
    5. Añadir el margen de beneficio al coste unitario para fijar el precio de venta.

11. **Explique la importancia del control de calidad en la fase de fabricación de un proyecto gráfico.**

    El control de calidad en la fase de fabricación es crucial para garantizar que el producto final cumpla con los estándares establecidos. Permite identificar y corregir errores o defectos antes de que el producto llegue al cliente, asegurando la satisfacción del cliente y evitando costos adicionales por retrabajo o devoluciones.

12. **¿Por qué es importante incluir un margen de beneficio en el cálculo del precio de venta?**

    Incluir un margen de beneficio es esencial para asegurar que el proyecto no solo cubra todos los costos de producción, sino que también genere ganancias para la empresa. Este margen permite a la empresa obtener un retorno sobre la inversión, financiar futuros proyectos y asegurar su sostenibilidad a largo plazo.

13. Explique cómo el diagrama PERT ayuda a gestionar la incertidumbre en un proyecto gráfico.

El diagrama PERT permite calcular el tiempo esperado para cada tarea al considerar tres escenarios diferentes: optimista, probable y pesimista. Esto ayuda a los gestores de proyectos a planificar mejor y a anticipar posibles retrasos, con lo cual se reduce la incertidumbre y mejora la precisión en la planificación del cronograma del proyecto.

14. Enumere los tipos de recursos que deben gestionarse en un proyecto gráfico.

Los tipos de recursos son los siguientes:

- Recursos humanos
- Recursos materiales
- Recursos financieros
- Recursos técnicos

15. Explique cómo la correcta distribución de recursos humanos influye en el éxito de un proyecto gráfico.

La correcta distribución de recursos humanos es fundamental para el éxito de un proyecto gráfico porque asegura que cada tarea sea manejada por la persona más adecuada en función de sus habilidades y experiencia. Esto maximiza la eficiencia, reduce errores y garantiza que todas las fases del proyecto se completen a tiempo y con la calidad esperada. Una distribución efectiva también facilita la coordinación del equipo, mejora la comunicación y permite una gestión más fluida del proyecto, lo que en última instancia contribuye a la satisfacción del cliente y al cumplimiento de los objetivos del proyecto.

Solucionario 2
Desarrollo de bocetos de proyectos gráficos

 Solucionario Capítulo 1

1. En la fase de _____, la maqueta final se convierte en archivo, documento o en el producto conocido como arte final.

    a. presentación al cliente
    b. estrategias, discusión e introducción de correcciones
    c. acabado del proyecto
    d. realización

2. Enumere las fases que siguen a la entrega de documentos (artes) finales.

Preimpresión, impresión y acabado.

3. Complete el siguiente texto.

La fase de discusión e introducción de correcciones es en la que la empresa elige una de las maquetas y sobre ella se pulen ciertos detalles compositivos, de **identidad corporativa** o incluso de corrección de formas.

4. Busque los cuatro programas de tipo vectorial o de maquetación, que se esconden en esta sopa de letras.

A	T	E	U	T	V	L
Z	I	O	S	Q	W	A
V	G	Y	I	C	N	Z
L	N	R	S	O	F	Ñ
O	I	R	I	R	E	Y
B	S	H	L	E	R	F
D	E	T	L	L	E	E
A	D	L	U	D	R	S
A	N	O	S	R	E	P
C	I	R	T	A	T	O
C	A	S	R	W	N	A
I	E	Z	A	R	I	B
D	O	S	T	O	D	C
D	A	C	O	T	U	A
D	M	E	R	I	T	U

5. Indique cuál de las siguientes afirmaciones es verdadera o falsa.

a. De los embalajes y demás sistemas de *packaging* suele realizarse una maqueta en tamaño real (solo en contadas ocasiones en las que las dimensiones son muy elevadas se hace a menor medida).

☑ **Verdadero**
☐ Falso

b. El método simplex nace de los estudios de Alex Faickney Osborn en 1938, quien se dio cuenta que en un proceso de decisión de ideas grupal se conseguían más y mejores resultados.

☐ Verdadero
☑ **Falso**

6. **En la fase de ejecución del producto, antes se han de hacer pruebas. En el caso de los medios tradicionales impresos, como folletos, tarjetas, revistas, etc., ...**

a. ... se suele mostrar una prueba impresa monocroma.
b. **... se suele imprimir un ejemplar completo.**
c. ... se mostrará el resultado con sus piezas ensamblables por separado.
d. Todas las opciones son incorrectas.

7. Los _____ son documentos que permiten combinar todas las opciones del diseño gráfico: tipografías, imágenes, vectores, fotografías, etc.

meta archivos

8. **Complete el siguiente texto.**

En la fase de esbozos y bocetos existen muchos métodos, y depende en gran parte del **CREATIVO** que se encargue del trabajo de bocetaje el que se actúe de un modo u otro. Cada vez es más habitual el uso de *SOFTWARE* específico para el diseño gráfico, muchos de los creativos o diseñadores, actúan directamente sobre ese tipo de programas para crear el primer boceto. Aunque sigue siendo habitual que se haga una previsualización **ESQUEMÁTICA** del **PRODUCTO** final a mano sobre papel, antes de darle otra forma, otra **VISIÓN**.

9. **Relacione cada extensión con el tipo de *software* del que es nativo.**

    a. Vectorial.
    b. Maquetación.
    c. Retoque fotográfico.
    d. Creador de metaarchivo.

    c. .psd.
    a. .ai.
    d. .pdf.
    b. .qwd.

10. **Complete el siguiente texto.**

Los productos más complejos, con muchas piezas o fabricados en materiales tales como metal, fibras, etc., suelen mostrarse en fase de maqueta en un material alejado del que va a ser utilizado finalmente y fácil de moldear, tales como **arcilla de modelaje.**

11. **Las maquetas, como muchas de las cosas de esta sociedad avanzada en la que vivimos, tiene un origen...**

    a. ... en el adoctrinamiento juvenil.
    b. ... militar.
    c. ... casual.
    d. Todas las opciones son incorrectas.

12. **Para el diseño de productos, envases, embalajes y herramientas, se está cada vez generalizando más el uso de un recurso muy cómodo y de fácil manejo, similar al del dibujo manual como es el de...**

    a. ... las *tablets.*
    b. ... aplicaciones para móvil.
    c. ... las tabletas digitalizadoras.
    d. Todas las opciones son correctas.

13. De los productos impresos de mayor tamaño...

    a. ... se imprimen ejemplares completos.
    b. ... se imprime como prueba un ejemplar en su tamaño original.
    c. ... se imprime como prueba una muestra escalada del ejemplar.
    d. ... se imprime lo que se denomina un prototipo.

14. Ordene las etapas del ciclo de fase de proyecto del 1 al 5.

    <u>5.</u> Fase de bocetaje y esbozo
    <u>2.</u> Recopilación de datos iniciales
    <u>4.</u> Creación de un parte de trabajo para los diseñadores
    <u>1.</u> Escucha de necesidades del cliente
    <u>3.</u> Necesidades de materiales que se van a utilizar y de tiempo invertido

15. Tache la palabra menos adecuadas en referencia a la afirmación que se le hace.

El sistema de tormenta de ideas o (~~simplex~~) *(brainstorming)* se basa en decir absolutamente todo lo que se le ocurre a cada persona (integrante)(~~superior~~) del grupo, se aconseja que entre seis a (doce)(~~ocho~~) personas en un periodo (limitado)(<u>ilimitado</u>) de tiempo, sin desechar idea alguna, por muy mala o absurda que parezca, anotándolas (brevemente) (~~ampliamente~~).

Solucionario Capítulo 2

1. **De las siguientes afirmaciones, indique cuál es verdadera o falsa.**

   a. Los estudios demuestran que ante una exposición prolongada en entornos naranjas se produce en el observador síntomas de alegría, estimula beneficiosamente el corazón y evoca estados de optimismo.

      ☑ **Verdadero**
      ☐ Falso

   b. Conocido también por su anglicismo *tracking,* el verso indica la separación entre los cuerpos de letra y en la actualidad se pueden acercar o ampliar esos espacios de letra o interletraje en la edición digital de textos.

      ☐ Verdadero
      ☑ **Falso**

   c. Las cartas de color suelen tratarse de una serie de cuadrados o rectángulos de color que contienen un amplio abanico de tonos que pueden acercar cualquiera de los colores reales que se pueden encontrar dentro o fuera de la naturaleza al resultado impreso.

      ☑ **Verdadero**
      ☐ Falso

2. **Complete los siguientes textos.**

   El **cuerpo** de texto tiene su nacimiento en la imprenta clásica de tipos móviles y calcula la **altura** del bloque de plomo en que originalmente estaba fundida la letra. El tamaño del cuerpo era el tamaño total que tenía ese carácter según el **ojo** de letra y sus espacios en **blanco** de alrededor.

   Muchos **animales,** sobre todo los nocturnos, perciben colores por debajo del rojo (o **infrarrojos)** que el ojo humano no puede comprender, así como otros pueden percibir por encima de los **violetas (ultravioletas),** cosa que no puede entender el cerebro humano y no da significado a eso colores provenientes del impacto de la **luz** sobre los objetos.

3. Se trata de una figura retórica muy efectiva dado que muestra ambas caras de un mismo mensaje. Cuanto mayor sea la diferencia entre ambas imágenes o mensajes, más interés suele suscitar en el receptor.

    a. Exageración.
    b. Repetición.
    c. Comparativa.
    d. Contrariedad.

4. Son fuentes de tipo *true type*...

    a. ... solo las fuentes digitales que provienen de las clásicas.
    b. ... fuentes de tipo bitmap o pixeladas.
    c. ... fuentes vectoriales.
    d. ... tipografías propias del sistema Adobe.

5. Relacione cada color con su simbolismo.

    a. Unidad y pureza
    b. Seriedad y seguridad
    c. Frescura y profundidad
    d. Poder y sacrificio

    c. Azul
    b. Marrón
    d. Violeta
    a. Blanco

6. La ley de _____ relaciona objetos que son similares ya sea en forma, color o apariencia.

    a. proximidad
    b. pregnancia
    c. igualdad o similitud
    d. Todas las opciones son incorrectas.

7. ¿Cómo se llama el remate a modo de final de asta alargada que suele rebasar la línea descendente en mayor o menor medida?

    a. Oreja.
    b. Ápice.
    c. Cola.
    d. Gancho.

8. **Complete con las siguientes palabras: lectura, canon, tipografía, cícero, altura y puntos.**

Un **cícero** se considera como un **canon** o medida muy importante dentro del arte tipográfico porque se considera que toda **tipografía** que se preste a cambios debe al menos permitir la **altura** de doce **puntos** como mínimo para la calidad y **lectura** de sus caracteres.

9. **Marque los aparatos de medición del color.**

    a. Micrómetro.
    b. Colorímetro.
    c. Cantonera.
    d. Atlas.
    e. Tipómetro.
    f. Cartas Ral.

10. Busque cuatro elementos de la sintaxis de la imagen.

C	S	R	T	I	N	T
D	O	S	D	O	D	R
Z	I	O	S	Q	W	A
V	E	Y	T	L	T	N
L	O	R	S	N	F	S
O	N	R	J	A	U	F
B	R	R	E	R	S	P
D	O	T	K	U	S	R
T	T	L	A	T	R	E
A	N	O	T	X	A	N
C	O	U	Q	E	H	C
C	C	S	N	T	N	I
I	E	I	I	R	I	A
D	L	S	D	O	D	A

11. Enumere al menos cuatro criterios a los que responde la escala de iconicidad.

Semejanza, maqueta, esquema, diagrama u organigrama, fórmula y simbolismo.

12. Según el sistema de Didot basado en el de la medida del pie de rey, un cícero equivaldría a...

    a. ... la altura de doce puntos.
    b. ... 4,54 mm.
    c. ... 24 puntos de pie de rey.
    d. Todas las opciones son correctas.

13. Son fuentes de palo seco...

    a. ... las bastardas.
    b. ... las elzevirianas.
    c. ... las grotescas.
    d. Las opciones a y c son correctas.

14. Para la composición de formas complejas en dibujo y diseño...

    a. ... se debe partir de formas más simples.
    b. ... se usan aparatos como el micrómetro.
    c. ... hay que hacer previas maquetas.
    d. Todas las opciones son correctas.

15. Son grados de iconicidad...

    a. ... el mesomorfismo.
    b. ... el amorfismo.
    c. ... el isomorfismo.
    d. Todas las opciones son correctas.

Solucionario Capítulo 3

1. **De las siguientes afirmaciones, indique cuál es verdadera o falsa.**

   a. La figuración liberada la representan las imágenes muy cercanas a la abstracción. Se reconocen los elementos de la composición, pero por el recuerdo en la experiencia humana usando formas simples que al formar quizá otras formas globales sí que se comprende lo representado asociándolo con imágenes reales.

   ☐ Verdadero
   ☑ **Falso**

   b. El método de incentivación de creatividad de Gordon consiste en incluir a alguien ajeno a la tormenta de ideas, alguien de otro departamento o alejado del trabajo del creativo para que participe en esa tormenta de ideas, pero se espera que las conclusiones de esa visión diferente que el profano propone aporten mayor profundidad a los otros resultados anteriores o de la otra parte creativa del grupo.

   ☐ Verdadero
   ☑ **Falso**

2. **Complete siguiente texto con las palabras: texto, registro, diseño, técnico y pedido.**

   El informe **técnico** es algo más concreto que el de **registro,** mientras que en el segundo solo aparecen detalles como el número del **pedido** y los deseos del cliente ante la expectativa del **diseño,** en el primero se especifican otro tipo de detalles que delimitarán las posibilidades del trabajo final a una serie de parámetros y técnicas, como el uso de mayor o menor **texto,** el tamaño de las fuentes, la simplicidad o complejidad, etc.

3. **Busque cuatro elementos esenciales en la jerarquía de la información en textos.**

F	A	Y	O	L	R	A
Z	R	O	L	O	W	A
V	P	Y	U	T	N	Z
L	A	R	T	X	F	Ñ
O	L	R	I	E	E	Y
B	L	C	T	T	S	O
D	I	T	B	E	K	L
P	D	S	U	D	R	U
A	A	O	S	E	Z	T
C	R	I	O	U	T	I
C	T	S	B	Q	L	T
I	N	Z	L	O	I	E
D	E	S	A	L	D	T
A	T	T	P	B	A	N
O	D	I	U	E	P	A

4. **Relacione el significado con el color de la técnica de seis sombreros para pensar.**

    a. Pensamiento de ideas creativas
    b. Influir en las opiniones
    c. Pensamiento optimista
    d. Objetividad

    b. Rojo
    c. Amarillo
    d. Blanco
    a. Verde

5. Rodee la palabra más adecuada en referencia a la afirmación que se le hace.

Dado que el trabajo de dibujante de (~~planos~~) (bocetos) requiere de muchas herramientas manuales tales como (reglas) (~~compás~~) de distintos tamaños, cinta adhesiva, lápices, rotuladores e incluso cuchillas de tipo bisturí o (~~cuchillos~~) (cúteres) para el corte de siluetas o raspados del papel, el (~~cubículo~~) (pupitre) de diseño suele venir dotado con un estuche de madera o cajón donde el equipo quede (guardado) (~~desordenado~~).

6. En la técnica de seis sombreros para pensar, el color negro indica...

    a. ... objetividad.
    b. ... mando.
    c. ... pesimismo.
    d. ... obligación.

7. Complete el siguiente texto.

El sistema **ERP** no se implanta en un solo **equipo** informático, sino que es un *software* que se puede instalar y al que se puede acceder mediante una **clave personal** que diferencia a cada **usuario** desde otro tipo de dispositivos como otros equipos informáticos, *tablets,* ordenadores portátiles o móviles con acceso a **Internet** para que el proceso comunicacional en los pedidos esté siempre **actualizado** al instante.

8. El término _____ hace referencia al discurso bimedial completo.

    a. Síntesis visual.
    b. Figuración.
    c. Jerarquía visual.
    d. Informe de registro.

9. Enumere al menos seis técnicas de incentivación de la creatividad.

Brainstorming o lluvia de ideas, método simplex, Phillip 66, técnica de Gordon, técnica del futuro ideal, método del profano, retroalimentación, método de observación natural, *brainsailing* o navegando entre ideas, técnica de los verbos o de la acción, uso de categorías, sinéctica o uso de las analogías, relaciones forzadas, combinación de matrices, seis sombreros para pensar.

10. El tiempo en el diseño gráfico hace referencia a...

    a. ... temporadas determinadas.
    b. ... el tiempo de duración de animaciones.
    c. ... la duración de las tareas asignadas.
    d. Todas las opciones son correctas.

11.¿Qué forma parte de la síntesis visual?

    a. El grado de iconicidad de los objetos simplificados.
    b. Las imágenes figurativas hiperrealistas.
    c. El código visual que se ha creado y que funciona tan bien como el escrito.
    d. Las opciones a y c son correctas.

12. Enumere del 1 al 4 el orden de los pasos correctos en la planificación del trabajo.

    2. Escucha de necesidades.
    4. Entrega del informe al departamento creativo.
    1. Cita con el cliente.
    3. Creación de informe de registro.

13. ¿Cuál no es un campo propio en una orden de pedido?

    a. El número de pedido.
    b. Las incidencias o no conformidad.
    c. El nombre del encargado.
    d. El informe técnico.

14. El reparto de tareas...

    a. ... se pone en consenso siempre entre los trabajadores del departamento creativo.
    b. ... es tarea esencial y directa del departamento de administración.
    c. ... ha de ser supervisado por parte de los mandos superiores.
    d. Todas las opciones son incorrectas.

15. La técnica de Gordon...

    a.   ... es una reunión grupal muy numerosa.

    b.   ... consiste en tomar un producto al azar y completamente diferente al del cliente.

    c.   **... es una técnica muy utilizada para la resolución de conflictos o problemas.**

    d.   ... puede ser complementaria a la tormenta de ideas.

Solucionario Capítulo 4

1. **De las siguientes afirmaciones, indique cuál es verdadera o falsa.**

   a. El boceto para el producto editorial es muy importante, y es algo habitual mostrar al cliente a mano alzada y sobre el papel el posible resultado de la maquetación gracias al uso de esbozos o bocetos.

      ☑ **Verdadero**
      ☐ Falso

   b. El papel autocopiativo se trata de un sustrato con un alto porcentaje de fibra y es de uso particular para casos muy especiales como la cartografía, los registros de propiedad o las acciones de bolsa.

      ☐ Verdadero
      ☑ **Falso**

   c. Con los valores estratégicos de marca, sobre todo en campañas publicitarias, se suele llamar la atención de tal modo que atraiga a los clientes ante ciertas ofertas o campañas al usar imágenes impactantes o trampantojos.

      ☐ Verdadero
      ☑ **Falso**

2. **Complete los siguientes textos.**

   La fecha del **primer** papel se determina en un año aproximado al **200** a. C., dado que el papel más **antiguo** encontrado se corresponde con esa fecha y fue recogido en **China**, por lo que a ella se le atribuye la invención del **papel,** que se construía sobre tablillas de **madera** donde fibras de **seda** y **lino** se amasaban en una **pasta** homogénea que luego se extendía sobre los bastidores.

   Peter Behrens era un **diseñador** muy reconocido a nivel mundial que decidió poner la primera piedra del cimiento de lo que hoy es conocido como **imagen o identidad corporativa.** Es conocido como el padre de dicha técnica empresarial dado que fue el pionero en la creación y el **cambio** de imagen de **empresa.**

3. Busque en cuatro elementos de la arquitectura de página en un diario convencional.

R	S	R	T	I	N	T
D	A	S	D	O	D	O
Z	I	L	S	Q	W	L
N	E	Y	U	L	T	U
E	C	R	S	T	F	T
G	A	R	J	A	I	I
A	B	R	E	R	S	T
M	E	T	K	K	S	E
I	C	L	A	T	R	T
E	E	O	T	B	A	N
D	R	U	Q	G	H	A
E	A	S	N	N	N	I
I	E	P	I	R	I	A
P	L	S	D	O	D	A

4. No es una pieza principal básica corporativa...

    a. ... la cartelería.
    b. ... la papelería externa.
    c. ... la tarjeta de compra.
    d. ... la señalización interna.

5. Los egipcios utilizaban un tipo de papel que usaba como base natural una planta fibrosa que nacía en la rivera de sus importantes ríos, como el Nilo, y que era conocido como _____ .

    a. pergamino
    b. papiro
    c. papel de seda
    d. kraft

6. **Los colores en un manual de identidad corporativa se ciñen a referencias de color estándares como son los sistemas...**

   a. ... Ral.
   b. ... Pantone.
   c. ... CMYK.
   d. **Todas las opciones son correctas.**

7. **Los valores estratégicos que una marca otorga a una empresa son:**

   a. Segmentan el valor de empresa.
   b. Aportan impacto visual.
   c. Logran que se hable bien de la empresa.
   d. **Las opciones a y c son correctas.**

8. **Complete con las siguientes palabras: papelería, coherencia, tipografía, corporativa y seriedad.**

   Si la identidad **corporativa** se lleva con **seriedad** y se utiliza siempre la misma **tipografía** tanto para el uso de la marca como en **papelería** interna y externa, se acabará relacionando a la empresa con un tipo de fuente corporativa, aportando **coherencia** a todos sus mensajes.

9. **Relacione cada signo básico con su composición.**

   a. Imagotipo
   b. Logotipo
   c. Isotipo
   d. Isologo

   c. Solo símbolo o imagen
   a. Símbolo + tipografía divisible
   b. Solo tipografía
   d. Símbolo + tipografía indivisible

10. Marque aquellos tipos de papeles sobre los que se puede imprimir.

    a. Estucados de alto brillo
    b. Perjurado.
    c. Papel de triple capa.
    d. Papel para registros.
    e. Papel *kraft.*
    f. Papel *couché.*

11. Enumere al menos cuatro tipos de papel estucado.

Papel estucado de alto brillo, papel calandrado, papel cepillado, papel estucado arte, papel de triple capa, gofrado, estucado moderno, sustrato industrial, *heat set, offset,* verjurados, papeles autocopiativos.

12. Los elementos que se sitúan en la parte derecha de una composición o maquetación de página...

    a. ... se observan a primer golpe de vista.
    b. ... serán de mayor relevancia.
    c. ... tienen mayor impacto visual.
    d. Todas las opciones son correctas.

13. Se le conoce como _____ cuando se crea una retícula compositiva de la maqueta que se utilizará para todo el contenido de las páginas del producto editorial.

    a. gofrado
    b. tratamiento de texto
    c. página maestra
    d. tratamiento tipográfico

14. Las retículas se pueden dividir en...

  a. ... de dos a seis columnas.
  b. ... módulos.
  c. ... espacios menos generales.
  d. Todas las opciones son correctas.

15. No es un producto editorial...

  a. ... el catálogo.
  b. ... la revista.
  c. ... el folleto.
  d. ... el libro.

Solucionario Capítulo 5

1. **El impacto visual en productos de *packaging* se logra...**

    a. ... si se usa imagen de tipo fotográfica.
    b. ... si se usa el color o la identidad corporativa de forma llamativa.
    c. ... con el uso de tipografía original o de identidad corporativa.
    d. Todas las opciones son correctas.

2. **2. ¿Cuál de las siguientes opciones describe mejor una razón del declive en las ventas de DVD y *Blu-ray*?**

    a. La popularidad creciente de las tiendas físicas especializadas en películas.
    b. El acceso limitado a plataformas de *streaming* en línea.
    c. La preferencia por la comodidad y la inmediatez del *streaming* digital.
    d. La escasez de títulos disponibles en formato digital.

3. **Complete el siguiente texto según las opciones que aparecen.**

El material conocido como _____ era muy usado en los transportes en barco antiguamente. Hoy en día su uso es menor, pero sigue estando muy generalizado como grandes contenedores de productos o para contener elementos considerados de lujo, como botellas de vino o licor de cierto carácter lujoso, surtidos de productos alimenticios caros, etc.

    a. arcilla
    b. cemento
    c. madera
    d. cristal

4. **De las siguientes afirmaciones, indique cuál es verdadera o falsa.**

    a. En las páginas web y en aplicaciones tales como las redes sociales de contacto o foro y chat, entre usuarios existe lo que se denomina *landing page;* o lo que es lo mismo, página de aterrizaje o página de inicio.

        ☐ Verdadero
        ☑ **Falso**

b. Un envase o embalaje ha de ser cómodo y manejable tanto al ser cogido o asido con las manos como para su posterior transporte. Estos factores, que son los que forman parte del impacto visual de los productos, están al servicio del consumidor.

☐ Verdadero
☑ **Falso**

5. **¿Cuál de las siguientes afirmaciones describe mejor la función de un manual de identidad corporativa?**

a. Proporciona instrucciones sobre cómo crear productos multimedia.
b. Define los valores y la misión de una empresa.
c. **Establece pautas para garantizar la coherencia en la presentación visual de una marca.**
d. Ofrece consejos sobre estrategias de *marketing* digital.

6. **Se hace un ejercicio de conectividad cuando se interactúa con cada uno de los elementos que componen los formatos de cada producto multimedia ya sea a través de...**

a. ... el uso del ratón de ordenador
b. ... el mando a distancia.
c. ... los dedos o un puntero en las pantallas táctiles.
d. **Todas las opciones son correctas.**

7. **Busque en esta sopa de letras las cuatro palabras que definen el método AIDA**

A	T	E	U	T	V	L
Z	I	O	S	Q	W	A
V	A	Y	I	L	N	Z
L	T	R	S	O	F	Ñ
O	E	R	I	E	E	Y
B	N	C	E	T	S	D
D	C	T	K	Z	E	E
A	I	L	A	A	R	S
A	O	O	T	O	E	P
C	N	R	E	L	T	O
C	A	S	L	M	N	A
I	E	Z	I	R	I	B
D	O	S	D	O	D	C
A	T	I	A	C	C	X
D	M	E	D	I	T	U

8. **Complete con las siguientes palabras: productos, medida, suelo, línea, longitud y góndolas.**

Un **lineal** es un sistema de **medida** formado por diferentes muebles, sean similares o no. Se entiende como tal a toda la **longitud** que ofrecen varios muebles unidos entre sí de punta a punta. Y tal es así, relacionado con una unidad de medida, que también forman parte del lineal aquellos **productos** situados en el suelo o sobre palés en la zona baja de muchas estanterías y **góndolas** que lo permiten.

9. **Relacione cada técnica o tecnología de impresión con su sistema de impresión.**

   a. Sistema basado en el realce de caracteres y figuras.
   b. El agua es expulsada mediante principio litográfico, dejando solo la tinta sobre las planchas.
   c. La tinta queda impregnada en hendiduras de la plancha impresora.

   a. Huecograbado
   c. Flexografía
   b. Imprenta *offset*

10. **Indica si la siguiente oración es verdadera o falsa:**

    a. El esbozo o boceto es una representación esquemática dibujada sobre un papel de aquello que se pretende realizar en las fases productivas posteriores.

    ☑ **Verdadero**
    ☐ Falso

11. **La ergonomía de los productos se rige en una serie de factores como son:**

    a. La ligereza y la comodidad.
    b. La conservación de los contenidos.
    c. La limpieza y la seguridad.
    d. Las opciones a y c son correctas.

12. **El sistema litográfico de impresión se basa en la repulsión o ley natural de sustancias _____ por las que la tinta grasa absorbe nueva tinta y se expulsa el agua.**

    a. *offset*
    b. hidropónicas
    c. **hidrofóbicas**
    d. afines

13. **No se posicionarán bien las páginas web en los buscadores más usados si...**

    a. ... se han usado correctamente palabras clave.
    b. ... han sido programadas en html.
    c. **... han sido programadas en *flash*.**
    d. ... no han sido programdas en *flash*.

14. **Tache con una X los factores a tener en cuenta cuando se desarrolla un producto multimedia.**

    a. **El movimiento.**
    b. El instinto visual.
    c. **La resolución.**
    d. **Los menús y las presentaciones.**
    e. La ilegibilidad.
    f. **La conectividad.**

15. **Tache la palabra menos adecuada en referencia a la afirmación que se hace.**

El (~~embalaje~~) (envase) es considerado embalaje primario ya que, de no existir este primer elemento, sería imposible almacenar ciertos tipos de productos, sobre todo en los dedicados a la difusión y la venta de productos líquidos, gaseosos o en (grano) (~~grumo~~), y son los que se reconocen en el mercado como botellas, (~~bolas de purexpán~~) (aerosoles) o latas, entre otros. El embalaje secundario sería por tanto la (~~botella~~) (caja) donde el embalaje primario suele estar inserto y que garantiza que el contenido no se mueva y su (~~soltura~~) (seguridad) tanto en el transporte como en el manejo de la mercancía en las estanterías de los almacenes.

Solucionario 3
Obtención de imágenes para proyectos gráficos

Solucionario Capítulo 1

1. ¿Cuál de las siguientes afirmaciones sobre la resolución de una imagen es incorrecta?

    a. Se mide en píxeles por pulgada (ppp).
    b. Una mayor resolución implica una mayor calidad de imagen.
    c. Una menor resolución implica un menor tamaño de archivo.
    d. La resolución no afecta a la nitidez de la imagen.

2. ¿Cuál es un modelo de color utilizado principalmente para la impresión?

    a. RGB
    b. CMYK
    c. HSV
    d. HSL

3. ¿Cuál de las siguientes NO es una ventaja de las imágenes vectoriales frente a las de mapa de bits?

    a. Son escalables sin pérdida de calidad.
    b. Ocupan menos espacio de almacenamiento.
    c. Pueden editarse más fácilmente.
    d. Son más adecuadas para fotografías.

4. ¿En qué tipo de proyecto se utilizaría la fotografía de paisaje?

    a. Mostrar un producto nuevo.
    b. Anunciar un viaje turístico.
    c. Promocionar un restaurante.
    d. Mostrar la acción de un partido de fútbol.

5. El formato de archivo que puede contener texto, vídeo y vectores, conservando el formato original en diferentes dispositivos, es...

    a. ... JPEG.
    b. ... PDF.
    c. ... PSD.
    d. ... PNG.

6. ¿En qué se diferencia la ilustración de la fotografía?

    a. La ilustración captura la realidad de forma objetiva.
    b. La ilustración crea mundos y personajes imaginarios o representa la realidad de forma subjetiva.
    c. La ilustración es más costosa que la fotografía.
    d. Todas las opciones son incorrectas.

7. Indica si la siguiente oración es verdadera o falsa: "La ilustración vectorial se caracteriza por su creación mediante programas de diseño especializados y utiliza líneas, formas y curvas definidas matemáticamente".

    ☑ **Verdadero**
    ☐ Falso

8. ¿Cuál es el objetivo principal de seleccionar imágenes adecuadas para un proyecto?

    a. Ahorrar dinero en el proyecto.
    b. Mejorar la estética del diseño.
    c. Transmitir el mensaje del proyecto de forma efectiva y alcanzar al público objetivo.
    d. Solo para mejorar la estética del proyecto.

9. ¿Cuáles son algunas ventajas de la imagen analógica?

    a. Es más fácil de editar que la imagen digital.
    b. Es más económica que la imagen digital.
    c. Aporta calidez y naturalidad a las composiciones.
    d. No se necesita mucha habilidad.

10. La _____ es un tipo de almacenamiento ideal para compartir archivos de forma *online.*

    a. memoria de discos duros externos
    b. unidad USB
    c. nube
    d. carpeta compartida

11. Indica si la siguiente oración es verdadera o falsa: "El GIF es un formato de archivo que se utiliza para almacenar imágenes con bordes definidos y texto nítido".

    ☐ Verdadero
    ☑ **Falso**

12. ¿Qué formato de archivo es ideal para diseños web y escalables en cualquier pantalla?

    a. PNG
    b. TIFF
    c. SVG
    d. WebP

13. En sus inicios la fotografía se plasmaba a través de _____.

    a. un sensor digital
    b. una película fotosensible
    c. una tarjeta de memoria
    d. un papel fotosensible

14. ¿Cuál es el propósito de utilizar una variedad de imágenes en un proyecto?

    a. Ahorrar tiempo en la selección de imágenes.
    b. Hacer que el diseño sea más dinámico y atractivo.
    c. Reducir el costo del proyecto.
    d. Adecuarse más a las exigencias del proyecto.

Solucionario Capítulo 2

1. **¿Cuál de las siguientes afirmaciones sobre la resolución de una imagen es incorrecta?**

   a. Se mide en píxeles por pulgada (ppp).
   b. Una mayor resolución implica una mayor calidad de imagen.
   c. Una menor resolución implica un menor tamaño de archivo.
   d. La resolución no afecta a la nitidez de la imagen.

2. **¿Cuál de los siguientes elementos NO forma parte del objetivo de una cámara?**

   a. Objetivo frontal
   b. Diafragma
   c. Visor
   d. Anillo de enfoque

3. **¿Qué componente del cuerpo de la cámara es responsable de capturar la luz de la escena?**

   a. Obturador
   b. Película o sensor
   c. Visor
   d. Disparador

4. **Indique si la siguiente oración es verdadera o falsa: "El objetivo super gran angular es ideal para fotografías de retrato".**

   ☑ **Falso**
   ☐ Verdadero

5. **¿Qué tipo de cámara analógica produce negativos de mayor tamaño y mejor calidad de imagen?**

   a. Cámara compacta
   b. Cámara telemétrica

    c. Cámara réflex de un solo objetivo
    d. Cámara de formato medio

6. Indique si la siguiente oración es verdadera o falsa: "La profundidad de campo se refiere a la distancia a la que se encuentra el sujeto de la fotografía".

    ☑ **Falso**
    ☐ Verdadero

7. ¿Qué efecto produce una apertura de diafragma pequeña (número f alto)?

    a. Mayor profundidad de campo (más nitidez)
    b. Menor profundidad de campo (fondo más borroso)
    c. Mayor entrada de luz
    d. Menor entrada de luz

8. ¿Cuál es el objetivo principal de una buena composición en fotografía?

    a. Utilizar la mayor cantidad de elementos posibles en el encuadre.
    b. Enfatizar un sujeto principal y transmitir un mensaje claro.
    c. Aplicar filtros y efectos llamativos para mejorar la imagen.
    d. Ajustar la configuración de la cámara para una exposición correcta.

9. ¿Cuál de los siguientes NO es un efecto de utilizar una velocidad de obturación alta (mayor valor en fracciones de segundo)?

    a. Congelar el movimiento
    b. Permitir más luz
    c. Reducir la profundidad de campo
    d. Disminuir el ruido en la imagen

10. ¿Qué herramienta le ayuda a controlar la cantidad de luz que ingresa a la cámara y, por lo tanto, la exposición de la imagen?

    a. La velocidad de obturación
    b. El ISO

c. La apertura del diafragma
d. **Todas las opciones son correctas.**

11. **Indique si la siguiente oración es verdadera o falsa: "La subexposición produce una imagen demasiado clara, con áreas quemadas".**

    ☑ **Falso**
    ☐ Verdadero

12. **¿Qué relación existe entre la velocidad de obturación y la cantidad de luz que se captura en una fotografía?**

    a. A mayor velocidad de obturación, más luz se captura.
    b. **A mayor velocidad de obturación, menos luz se captura.**
    c. La velocidad de obturación no afecta a la cantidad de luz capturada.
    d. La relación depende del tipo de cámara y del modo de disparo.

13. **¿Qué tipo de dispositivo de almacenamiento se caracteriza por su gran capacidad y portabilidad, ideal para almacenar grandes cantidades de imágenes?**

    a. Tarjetas de memoria
    b. Lectores de tarjetas
    c. **Discos duros externos**
    d. Almacenamiento en la nube

14. **¿En qué fase del proceso de escaneado se selecciona la resolución de imagen, la cual determinará el nivel de detalle que se captura?**

    a. Preparación
    b. **Configuración del escaneo**
    c. Inicio del escaneo
    d. Visualización y guardado del archivo

15. Indique si la siguiente oración es verdadera o falsa: "Es posible encontrar bancos de imágenes especializados en vectores e iconos".

    ☐ Falso
    ☑ **Verdadero**

16. ¿Qué tipo de banco de imágenes es ideal para proyectos con presupuestos limitados o uso personal?

    a. Banco de imágenes de pago con planes de suscripción
    b. **Banco de imágenes gratuito con licencia *Creative Commons***
    c. Banco de imágenes especializado en vectores
    d. Banco de imágenes especializado en iconos

Solucionario Capítulo 3

1. ¿Qué diferencia existe entre el *collage* digital y el *collage* tradicional?

    a. El *collage* digital utiliza únicamente imágenes físicas.
    b. El *collage* tradicional ofrece una mayor libertad creativa.
    c. El *collage* digital permite trabajar con una amplia gama de recursos digitales.
    d. El *collage* tradicional es más fácil de editar y modificar.

2. Indique si la siguiente oración es verdadera o falsa: "La yuxtaposición es el uso de diferentes tamaños para crear jerarquía visual".

    ☐ Verdadero
    ☑ **Falso**

3. ¿Qué herramienta permite eliminar partes innecesarias de la imagen para centrar la atención en el sujeto principal?

    a. Escalado
    b. Deformación
    c. Recorte
    d. Perspectiva

4. Indique si la siguiente oración es verdadera o falsa: "El texto es un ejemplo de elemento gráfico que se puede añadir a una imagen".

    ☑ **Verdadero**
    ☐ Falso

5. ¿Cuál de las siguientes técnicas NO se utiliza para integrar fotografías en un diseño de fotomontaje?

    a. Recorte y encuadre
    b. Sangrado

c. Impresión
d. Silueteado

6. Indique si la siguiente oración es verdadera o falsa: "El fotomontaje consiste en la integración de fotografías en un diseño para crear una nueva imagen".

☑ **Verdadero**
☐ Falso

7. ¿Qué tipo de ilustración se utiliza para representar fenómenos naturales, objetos o procesos de forma precisa y detallada?

a. Ilustración editorial
b. Ilustración publicitaria
c. **Ilustración científica**
d. Ilustración infantil

8. Indique si la siguiente oración es verdadera o falsa: "La ilustración infantil suele tener un estilo visual realista y detallado".

☐ Verdadero
☑ **Falso**

9. ¿Qué herramienta permite a los artistas dibujar directamente en la pantalla del ordenador y ofrece una experiencia de dibujo mucho más natural y precisa?

a. *Photoshop*
b. *Illustrator*
c. *Clip Studio Paint*
d. **Tableta gráfica**

10. Indique si la siguiente oración es verdadera o falsa: "*Photoshop* está especializado en gráficos vectoriales, lo que lo hace ideal para ilustraciones con líneas limpias y escalables".

☐ Verdadero
☑ **Falso**

11. ¿Cuál de las siguientes NO es una ventaja de los gráficos vectoriales frente a los gráficos de mapa de bits?

    a. Escalabilidad sin pérdida de calidad
    b. Menor tamaño de archivo
    c. Mayor facilidad de edición
    d. Mayor precisión en la representación de detalles

12. Indique si la siguiente oración es verdadera o falsa: "La curva de Bézier es una herramienta que permite crear líneas suaves y precisas en un programa de diseño vectorial".

    ☑ **Verdadero**
    ☐ Falso

13. ¿Qué característica diferencia a las imágenes de mapa de bits de los gráficos vectoriales?

    a. Almacenan información de color para cada píxel.
    b. Se escalan sin perder calidad.
    c. Se basan en fórmulas matemáticas para definir líneas y formas.
    d. Permiten trabajar con capas.

14. Indique si la siguiente oración es verdadera o falsa: "Las capas en los programas de edición de imágenes permiten trabajar en diferentes elementos de una imagen de forma independiente".

    ☑ **Verdadero**
    ☐ Falso

15. ¿Cuál de las siguientes NO es una característica principal de los programas de edición de imágenes?

    a. Trabajo con capas
    b. Herramientas de selección
    c. Pinceles que simulan herramientas de dibujo tradicionales
    d. Creación de gráficos vectoriales

Solucionario Capítulo 4

1. ¿Cuál es el principal objetivo de la Convención de Berna?

    a. Establecer un mercado común para las obras artísticas.
    b. Proteger los derechos de autor a nivel internacional.
    c. Regular el comercio de obras protegidas.
    d. Fomentar la creación de obras derivadas.

2. Indique si la siguiente oración es verdadera o falsa: "La Ley de Propiedad Intelectual española protege tanto las obras físicas como las digitales".

    ☑ **Verdadero**
    ☐ Falso

3. ¿Cuál es la duración de los derechos dc autor sobre una imagen según la Ley de Propiedad Intelectual española?

    a. 50 años desde la publicación.
    b. 70 años desde la muerte del autor.
    c. Toda la vida del autor más 50 años.
    d. Indefinida, siempre que se renueve el registro.

4. ¿Cuál es la principal ventaja de registrar una imagen en la Propiedad Intelectual?

    a. Hacer que la obra sea incopiable.
    b. Obtener un monopolio sobre el tema de la imagen.
    c. Probar la autoría y fecha de creación.
    d. Aumentar automáticamente el valor comercial de la obra.

5. Indique si la siguiente oración es verdadera o falsa: "La fecha de creación de una imagen es un elemento importante a la hora de registrarla".

    ☑ **Verdadero**
    ☐ Falso

6. ¿Cuál de las siguientes afirmaciones es incorrecta sobre el registro de una imagen?

    a. El registro es obligatorio para proteger una obra.
    b. El registro puede facilitar la defensa en caso de plagio.
    c. El registro genera un documento oficial que acredita la autoría.
    d. El registro puede dar mayor visibilidad a la obra.

7. ¿Qué significa el derecho de reproducción para un autor?

    a. La obligación de reproducir su obra en diferentes formatos.
    b. El derecho a impedir que otros copien su obra sin autorización.
    c. La posibilidad de modificar su obra cuantas veces quiera.
    d. El derecho a vender su obra a cualquier precio.

8. Indique si la siguiente oración es verdadera o falsa: "Las licencias de uso son acuerdos que establecen las condiciones de utilización de una obra protegida".

    ☑ **Verdadero**
    ☐ Falso

9. ¿Cuál de las siguientes opciones NO es un tipo de reproducción de una obra?

    a. Exacta
    b. Modificada
    c. Original
    d. Digital

10. Si se crea una nueva imagen a partir de una existente, añadiendo elementos y modificando la composición, ¿qué tipo de obra se considera que es?

    a. Una copia exacta
    b. Una obra modificada
    c. Una obra original independiente
    d. Una infracción de los derechos de autor

11. Indique si la siguiente oración es verdadera o falsa: "La autoría de una obra derivada siempre pertenece al creador de la obra original".

    ☐ Verdadero
    ☑ **Falso**

12. Indique si la siguiente oración es verdadera o falsa: "La manipulación de imágenes nunca tiene consecuencias legales".

    ☐ Verdadero
    ☑ **Falso**

13. ¿Cuál es el principal objetivo de las licencias *Creative Commons?*

    a. Restringir el uso de las obras creativas.
    b. Proteger los derechos de autor de forma más estricta.
    c. Facilitar el acceso y la reutilización de las obras creativas.
    d. Eliminar por completo los derechos de autor.

14. ¿Cuál es la diferencia entre una licencia BY-NC-SA y una licencia BY-NC-ND?

    a. La primera permite la creación de obras derivadas.
    b. La segunda permite el uso comercial.
    c. La primera no requiere reconocimiento al autor.
    d. La segunda permite modificar la obra original.

15. Indique si la siguiente oración es verdadera o falsa: "Las licencias *Creative Commons* fomentan la colaboración y el intercambio de conocimiento".

    ☑ **Verdadero**
    ☐ Falso

Solucionario 4
Retoque digital de imágenes

 **Solucionario Capítulo 1**

1. **¿Cómo se llaman las ondas electromagnéticas que se encuentran fuera de los tonos rojos?**

   a. Ondas ultrarrojas.
   b. Ondas infrarrojas.
   c. Ondas ultravioletas.

2. **Isaac Newton fue uno de los primeros que dijo que...**

   a. ... la luz se descompone en 7 colores.
   b. ... cada cuerpo tiene un color propio, indiferente a la luz que le incida.
   c. ... la luz se descompone en sombras de colores.

3. **Sopa de letras. Busque los 8 principales colores entre primarios y secundarios que son reconocidos en las mezclas pictóricas, de impresión o colores luz.**

R	B	O	R	H	V	C	I	R	M	G	V	J
N	D	X	N	Y	E	I	A	S	R	E	I	O
A	A	R	I	A	M	A	R	I	L	L	O	M
R	E	O	L	Z	T	N	Z	L	A	O	L	B
A	L	J	N	U	A	I	V	E	R	D	E	H
N	Y	O	U	L	T	R	U	B	P	I	T	N
J	P	C	A	K	M	E	W	Q	R	F	A	O
A	D	E	J	M	A	G	E	N	T	A	A	M
T	G	O	U	A	C	H	E	J	O	G	S	P

4. Complete las frases.

El ojo humano tiene unos órganos sensibles a la intensidad de la luz que se llaman bastones y que actúan principalmente en espacios oscuros.

Los órganos del ojo que son sensibles al color y perciben la luz roja, verde y azul, se llaman conos.

5. Indique si las siguientes afirmaciones son verdaderas o falsas.

a. La percepción del color es igual para todas las personas.

☐ Verdadero
☑ **Falso**

b. El efecto de contraste que da un mismo color cuando se rodea de tonos de diferentes intensidades, se llama contraste simultáneo.

☑ **Verdadero**
☐ Falso

c. El perfil ICC es un sistema de color internacional que describe el espacio de color, según el dispositivo de impresión.

☐ Verdadero
☑ **Falso**

d. Un color saturado es un color apagado mezclado con grises.

☐ Verdadero
☑ **Falso**

6. La organización internacional que creó un sistema que describe los colores de la manera más exacta mediante experimentos realizados sobre la percepción del ojo humano y los estímulos que ofrecen los tres tipos de conos, se llama:

a. ICC
b. CMM
c. CIE

7. **La luz considerada más neutra como la luz natural diurna, tiene una temperatura de:**

    a. 3.000 K
    b. 5.000 K
    c. 7.000 K

8. **El instrumento que mide la densidad del color impreso se llama:**

    a. Densímetro
    b. Densitómetro
    c. Densicolorímetro

9. **Rellene el siguiente CRUCIGRAMA.**

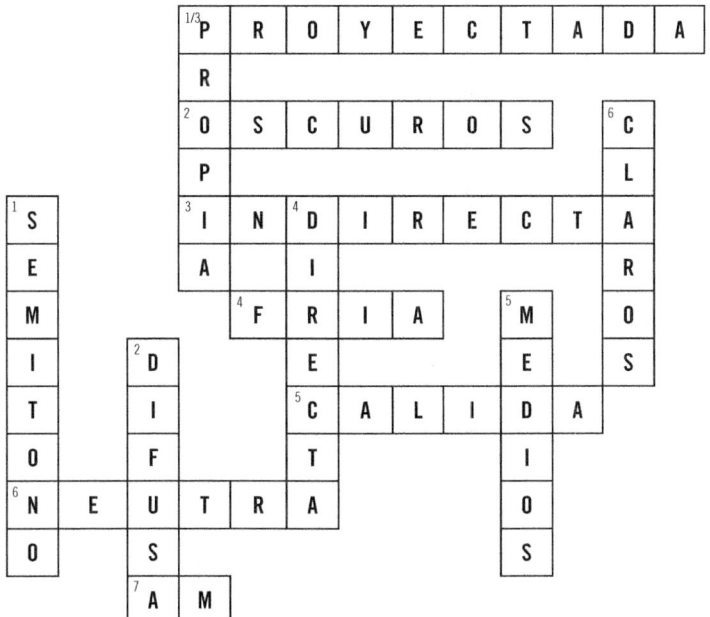

HORIZONTALES:

    1. La sombra resultante cuando una luz directa incide en un cuerpo.
    2. Los tonos más bajos de un color.

3. La luz que deja sombras difusas por llegar de rebote como reflexión o por tener una expansión suave.
4. Luz de alta temperatura que adquiere tonos azulados.
5. Luz de baja temperatura que adquiere tonos amarillentos, anaranjados.
6. Luz de 5000 K, perfecta para examinar fotografías o productos impresos.
7. Abreviatura de los puntos de semitono de amplitud modulada.

VERTICALES:

1. Impresión de una sucesión de tonos sin continuidad, es decir, a base de puntos impresos y no impresos para conseguir el efecto de tono continuo.
2. Tipo de sombra que es consecuencia de la incidencia de una luz indirecta o lejana sobre un cuerpo.
3. Tipo de sombra localizada en el objeto y que se encuentra en el lado opuesto de la luz que incide sobre ese cuerpo.
4. Luz dirigida con un foco o la que proviene de un punto de luz determinado e intenso como el que desprende el sol un día soleado, marcando sombras muy definidas.
5. Tonos que se encuentran entre los claros y oscuros.
6. Los tonos más altos con mayor luminosidad.

10. Las pequeñas diferencias de color y contraste que existen en el espacio RGB se llaman:

    a. Valor de color
    b. Gama de color
    c. Valor Gamma

11. Complete la siguiente frase.

El conjunto de colores que se reproduce o percibe dentro del diagrama CIE se representa mediante el **gamut** que abarca el conjunto de colores diferentes que un dispositivo puede reproducir o percibir.

12. Las cartas de caracterización de color para escáner están determinadas por el:

    a. ISOIT8
    b. ISO8ASA
    c. ISO1288

13. Complete la siguiente frase.

El término que identifica y distingue a un color de otro se llama **tono o matiz**. La magnitud de pureza de cada tono se conoce como **saturación** y la intensidad o valor de luminancia se llama **luminosidad**.

14. El sistema más utilizado de color directo de muestras es el:

    a. **Pantone Matching System (PMS)**
    b. Pantano Colors (PC)
    c. Pintoma System Colors (PSC)

15. Complete las siguientes frases.

    a. Las impresoras basadas en el sistema de cuatricomía rociando pequeñas gotas de tinta distribuidas en filas y pueden ofrecer la mayor resolución impresa de una imagen, se llaman impresoras de chorro o **inyección de tinta**.
    b. Las impresoras actuales basadas en el proceso xerográfico de tóneres con pigmentos, son las **impresoras láser**.
    c. La técnica o máquina de impresión profesional que funciona a base de rodillos y utilizada para grandes tiradas de ejemplares se llama **Offset**.

Solucionario Capítulo 2

1. ¿Cómo se llaman también las imágenes en mapa de bits compuestas por píxeles que se distribuyen dentro de una matriz?

    a. Imágenes matriciales.
    b. Imágenes raster.
    c. Imágenes bimapeadas.

2. La calidad de una imagen digital que indica el número de píxeles que hay en una unidad de medida, se llama:

    a. Pixelación
    b. Resolución.
    c. Rasterización.

3. Sopa de letras. Busque los nombres de 7 programas de tratamiento de imagen, 4 de uso libre y 3 con licencias de uso.

P	A	I	N	T	S	H	O	P	P	R	O	J	S	P
N	D	X	N	Y	E	I	A	S	H	Q	S	O	Q	I
A	A	P	I	G	Q	A	R	I	O	N	O	M	O	X
M	P	H	O	T	O	F	I	L	T	R	E	Y	F	E
T	L	O	N	L	F	T	N	E	O	R	K	V	T	L
A	Y	T	U	O	T	R	U	L	S	I	T	N	M	M
M	P	O	A	K	F	I	X	O	H	F	E	O	A	A
A	R	S	V	C	A	G	E	X	O	A	A	M	P	T
T	S	C	U	A	P	G	I	M	P	O	U	P	E	O
F	A	A	I	T	Q	A	R	G	M	N	O	M	Q	R
A	Y	P	U	O	T	R	U	L	P	I	T	N	K	Z
P	R	E	L	S	U	N	L	I	T	G	R	E	E	N

4. **Complete las frases.**

    a. El espacio de color más amplio del modelo RGB es el **Adobe RGB (1998)**.

    b. El modelo **CIELab** es el modelo de color que tiene un espacio de color fijo.

    c. El espacio de color que se relaciona directamente con su dispositivo de impresión es el **CMYK**.

5. **De las siguientes afirmaciones, indique cuál es verdadera y cuál es falsa.**

    a. Los vectores trabajan con píxeles.

        ☐ Verdadero
        ☑ **Falso**

    b. Los programas más adecuados para dibujar, ilustrar o editar textos son los de retoque digital.

        ☐ Verdadero
        ☑ **Falso**

    c. Adobe PhotoShop trabaja tanto en el entorno Windows como en Mac OS.

        ☑ **Verdadero**
        ☐ Falso

    d. El formato PSD solo puede abrirse en Adobe PhotoShop.

        ☐ Verdadero
        ☑ **Falso**

    e. Las capas se pueden cambiar de tamaño, pero no se pueden rotar ni voltear

        ☐ Verdadero
        ☑ **Falso**

6. Los recursos que se utilizan para trabajar imágenes independientes en distintos niveles como si fuera un collage, se llaman:

    a. Canales
    b. **Capas**
    c. Trazados

7. Si se ha copiado una selección flotante de una imagen mediante el atajo [Ctrl+C], ¿qué sucede si se usa la combinación de teclas [Ctrl+V] en un documento abierto de un programa de retoque digital?

    a. No sucede nada.
    b. El programa crea un texto con el nombre de la imagen.
    c. **El programa crea una capa con la imagen.**

8. La entrada de cada color en el sistema aditivo RGB o sustractivo CMYK se visualiza por sus...

    a. ... capas de color.
    b. **... canales de color.**
    c. ... píxeles de color.

9. Complete las frases.

En el sistema aditivo **RGB** la máxima luz que entra en sus canales se reconoce por su tonalidad **blanca**, en el sistema sustractivo se reconoce por su tonalidad **negra**.

10. Una de las herramientas de Adobe PhotoShop que permite crear trazados a mano alzada es...

    a. ... el lazo de forma libre.
    b. ... la varita mágica.
    c. **... pluma de forma libre.**

11. **Para insertar una imagen dentro de un trazado en Adobe PhotoShop, se recurre a:**

   a. La máscara de capa.
   b. **La máscara vectorial.**
   c. La máscara de hierro.

12. **El gráfico que informa sobre la exposición y tonalidad de una imagen se llama:**

   a. **Histograma**
   b. Histográfico
   c. Canal gráfico

13. **Los niveles y curvas son:**

   a. Filtros
   b. **Ajustes**
   c. Tintas planas

14. **Si se quiere aplicar un efecto desenfocado de velocidad sobre un fondo se utilizará:**

   a. Filtro/desenfocar/bosquejar
   b. **Filtro/desenfocar/movimiento**
   c. Filtro/desenfocar/difuminar

15. **Para eliminar partes de una imagen utilizando como referencia otras zonas, se recurrirá a las herramientas:**

   a. **De clonación**
   b. De difuminar
   c. De texturizar

Solucionario Capítulo 3

1. La imágenes que no están basadas en píxeles, sino en un proceso matemático que construye formas definidas por puntos o nodos, se llaman:

    a. **Imágenes vectoriales.**
    b. Imágenes de mapa de bits.
    c. Imágenes rasterizadas.

2. Sopa de letras. Busque los nombres de 7 programas basados en vectores, 3 de uso libre y 4 con licencias de uso.

A	I	O	P	P	A	S	S	T	R	H	N	C	P	R	O
D	A	S	S	I	D	E	S	O	D	I	P	O	D	I	A
A	R	K	I	X	A	Q	O	G	A	A	I	R	Ü	N	O
P	I	E	L	I	P	H	O	T	O	F	O	E	T	R	E
L	N	N	C	N	L	F	T	L	T	T	N	L	O	R	K
A	U	C	L	K	Y	T	Z	O	N	E	R	D	R	A	W
U	X	I	O	S	P	F	A	K	M	I	A	R	H	F	E
T	E	L	X	C	R	A	P	C	A	G	V	A	O	A	A
O	C	I	M	A	S	P	E	A	T	G	U	W	P	O	U
C	A	R	G	P	A	Q	Q	T	F	A	I	M	M	N	O
A	D	O	B	E	I	L	L	U	S	T	R	A	T	O	R
D	E	L	I	N	R	U	E	S	P	N	L	E	T	G	R

3. **Indique si las siguientes afirmaciones son verdaderas o falsas.**

   a. Los programas 3D no utilizan imágenes en mapa de bits.

      ☐ Verdadero
      ☑ **Falso**

   b. Los textos y logotipos para un cartel es más recomendable insertarlos en programas de dibujo vectorial.

      ☑ **Verdadero**
      ☐ Falso

   c. Una imagen sin información de color en escala de grises es una imagen saturada.

      ☐ Verdadero
      ☑ **Falso**

   d. Los trazados no pueden convertirse en selecciones flotantes.

      ☐ Verdadero
      ☑ **Falso**

   e. Las capas de ajuste en *PhotoShop*, una vez aplicadas no se pueden editar.

      ☐ Verdadero
      ☑ **Falso**

   f. En *Gimp* se pueden aplicar modos de fusión y capas de ajuste.

      ☐ Verdadero
      ☑ **Falso**

4. **Los formatos más habituales que utilizan las cámaras fotográficas digitales son:**

   a. 2:3, 6:2 y 19:6
   b. **4:3, 3:2 y 16:9**
   c. 8:6, 6:4 y 10:5

5. **La relación proporcional que ofrecen muchos de los elementos de la naturaleza se la conoce como:**

   a. Proporción cromada.
   b. **Proporción dorada.**
   c. Proporción equilibrada.

6. **En el siguiente jeroglífico identifique el nombre de uno de los modos de recorte o encuadre fotográfico.**

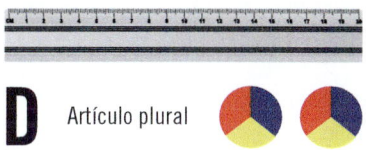

Respuesta: **Regla de los tercios.**

7. **Complete la frase.**

   Si se quieren cambiar todos los colores de una imagen, se debe utilizar el ajuste **Tono y Saturación** y si se quiere sumar o restar alguna tonalidad al color original se debe usar el ajuste **Equilibrio** o **Balance de color.**

8. **Si se quiere que una imagen se integre bien dentro de otra, ¿qué debe hacer?**

   a. **Perfeccionar o difuminar el borde de la selección.**
   b. No hacer nada, las imágenes siempre se integran bien cuando se copian y pegan de unas a otras.
   c. Seleccionar con mucho cuidado las formas.

9. **Para seleccionar mediante herramientas basadas en vectores dentro de un programa de retoque digital, se utiliza...**

   a. ... la varita mágica o selección difusa.
   b. **... las herramientas de rutas o la pluma.**
   c. ... la máscara rápida o selección de primer plano.

10. En *Adobe PhotoShop*, el bisel, sombra o resplandor son:

    a. Capas de ajuste.
    b. Máscaras vectoriales.
    c. Estilos de capa.

11. Relacione la definición que se asigna al color respecto a su posición según los modos de fusión.

    a. Color resultante
    b. Color de fusión
    c. Color base

    b. Color superpuesto
    c. Color de fondo
    a. Resultado cromático

12. Si se tienen dos capas iguales, una a color y sobre ella otra en blanco y negro, el mejor método para que se aprecie su transformación progresiva del color al blanco y negro es:

    a. Aplicar un modo de fusión de saturación sobre la capa superior.
    b. Aplicar un degradado lineal de blanco y negro sobre la máscara de capa de la imagen que se encuentra en el nivel superior.
    c. Aplicar un estilo de capa de superposición de relleno de color negro y activar el modo de fusión desaturar.

13. La técnica artística de pegado mediante diferentes elementos relacionados con la naturaleza, colores y otras texturas, se llama:

    a. Pastiche.
    b. *Collage*.
    c. Compost.

14. La composición de imágenes para aparentar una realidad de ficción, se llama:

    a. Fotografía artística.
    b. Fotograma.
    c. Fotomontaje.

15. Una técnica mixta digital está compuesta principalmente por:

    a. Dibujos vectoriales, fotografías e imágenes escaneadas.
    b. Dibujos vectoriales y representaciones 3D.
    c. Fotogramas de vídeo e imágenes en mapa de bits.

Solucionario Capítulo 4

1. Las impresoras láser utilizan...

    a. ... tintas líquidas que se transfieren por inyección.
    b. ... partículas de tóner que se transfieren por calor.
    c. ... tintas líquidas que se transfieren por un láser

2. Sopa de letras. Busque los nombres de 5 tipos de impresoras o sistemas de impresión de diferentes tecnologías.

A	O	P	A	S	S	R	H	N	P	R	S	T	C
L	A	I	G	L	A	S	E	R	C	R	U	L	L
A	K	X	A	Q	O	A	A	I	I	N	B	G	R
P	E	I	P	N	A	T	T	N	W	R	L	T	E
D	L	C	R	Y	S	T	A	L	P	O	I	N	T
A	C	K	Y	T	Z	N	E	R	L	A	M	O	D
U	I	S	P	F	A	M	I	A	O	F	A	K	R
T	L	C	R	N	N	L	F	T	T	A	C	C	A
R	F	Q	E	O	R	Z	L	Y	M	O	I	A	W
D	S	I	D	I	N	Y	E	C	C	I	O	N	G
A	O	E	I	L	L	S	D	R	B	O	N	U	A
C	R	P	A	Q	Q	F	F	I	G	N	X	T	M

3. Indique si las siguientes afirmaciones son verdaderas o falsas.

    a. Los formatos más habituales de las impresoras láser son el A4 y A3.

        ☑ **Verdadero**
        ☐ Falso

b. Las impresoras de inyección de tinta son más rápidas imprimiendo que las impresoras láser.

☐ Verdadero
☑ **Falso**

c. Las impresoras de sublimación utilizan tintas solidificadas que pasan del estado sólido al gaseoso, sin pasar por el líquido.

☑ **Verdadero**
☐ Falso

d. Las impresoras de sublimación permiten imprimir con papel y tintas especiales que se pueden transferir a casi todo tipo de material.

☑ **Verdadero**
☐ Falso

4. **Las impresoras LED utilizan...**

a. ... pequeños rayos láseres.
b. **... diodos emisores de luz.**
c. ... luces ultravioletas.

5. **Las impresoras de inyección de tinta imprimen el color...**

a. **... mediante pequeñas gotas o puntos de color.**
b. ... mediante líneas continuas de diferentes colores.
c. ... mediante pigmentos de tóner.

6. **El nuevo sistema CrystalPoint de impresión está compuesto por...**

a. ... pequeñas perlas rellenas de tinta líquida.
b. **... pequeñas perlas de tóner que se convierten en gel.**
c. ... pequeñas perlas de gel que se convierten en tóner.

7. En el siguiente jeroglífico identifique el sistema de prueba de color analógico más conocido.

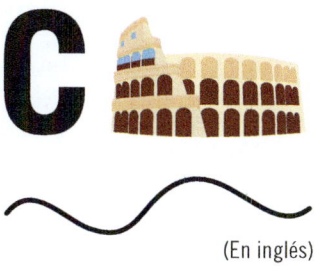

(En inglés)

Cromaline (C-ROMA-LINE)

8. Las pruebas de color analógicas de la empresa Dupont...

    a. ... realizaba pruebas de color mediante fotolitos de 30 x 90 cm.
    b. ... realizaba pruebas de color mediante fotografías de 50 x 70 cm.
    c. ... realizaba pruebas de color mediante fotolitos de 50 x 70 cm.

9. Con el densitómetro se comprueba...

    a. ... la densidad de la tinta en la prueba de color.
    b. ... la ganancia del punto en la prueba de color.
    c. Ambas respuestas son correctas.

10. El muaré es...

    a. ... un efecto visual tridimensional que produce los colores contiguos cuando no tienen inclinaciones de trama.
    b. ... un efecto que produce los colores cuando se solapan unos con otros con inclinaciones incorrectas.
    c. ... el efecto rayado que producen las tintas sobre el papel.

11. **Los ángulos de trama de colores CMYK suelen ser:**

   a. Cian 45º, Magenta 90º, Amarillo 75º, Negro 105º.
   b. **Cian 105º, Magenta 45º, Amarillo 90º, Negro 75º.**
   c. Cian 90º, Magenta 75º, Amarillo 105º, Negro 45º.

12. **Complete la siguiente frase.**

   El sistema de compresión de archivos de imagen más común con pérdida es el **JPG**, que divide la imagen en bloques de **8** x **8** píxeles. La compresión más habitual sin perdida es la **LZW** y la **ZIP**.

13. **Los programas WinZip, WinRar o IZarc son...**

   a. ... programas de retoque digital.
   b. **... programas de compresión y descompresión de archivos.**
   c. ... programas de envío de archivos.

14. **Los formatos de archivos propios de Adobe PhotoShop y Gimp son:**

   a. JPG y BMP
   b. **PSD y XCF**
   c. PDF Y XCF

15. **Los formatos más apropiados para utilizar en internet son:**

   a. **JPG, GIF y PNG**
   b. JPG, TIFF y BMP
   c. JPG, TIFF y PNG

Creación de elementos gráficos

Solucionario Capítulo 1

1. **Relacione los siguientes programas gráficos con el uso profesional que se le asigna distinguiendo entre los de uso libre y de uso comercial con licencia.**

   1. Adobe Photoshop
   2. Inkscape
   3. Adobe Indesign
   4. Gimp
   5. Adobe Illustrator

   4. Retoque fotográfico uso libre.
   5. Diseño vectorial uso comercial.
   3. Maquetación uso comercial.
   1. Retoque fotográfico uso comercial.
   2. Diseño vectorial uso libre.

2. **Señale cuatro herramientas de formas básicas comúnmente localizadas entre los programas de diseño vectorial.**

   Rectángulo, elipse, rectángulo redondeado, estrella o forma poligonal.

3. **Si se quiere construir un cuadrado equilátero se debe...**

   a. ... insertar la imagen de un cuadrado y guiarse por sus dimensiones.
   b. **... pulsar una tecla específica mientras se dibujan, habitualmente shift o control.**
   c. ... tener buen pulso para que salgan perfectos sus cuatro lados.

4. **Indique si las siguientes frases son verdaderas o falsas.**

   a. A medida que se dibujan objetos en un programa gráfico vectorial se van colocando en el orden de creación y ya no se podrá cambiar ese orden.

      ☐ Verdadero
      ☑ **Falso**

b. Si se quiere repartir y colocar equilibradamente varios elementos se deben activar las opciones de alinear/distribuir.

    ☑ **Verdadero**
    ☐ Falso

c. Cuando se agrupan diferentes elementos gráficos adquieren las características propias del primer objeto seleccionado y ya no se podrán desagrupar.

    ☐ Verdadero
    ☑ **Falso**

d. Las herramientas de mano alzada son las que se utilizan libremente dejando el botón principal del ratón pulsado.

    ☑ **Verdadero**
    ☐ Falso

e. Los puntos de curva o nodos son los que dan forma a un trazado y se pueden editar, añadir, eliminar, curvar, etc. y los manejadores permiten controlar las curvas contiguas a estos puntos.

    ☑ **Verdadero**
    ☐ Falso

f. Las imágenes insertadas en los catálogos deben organizarse ordenadamente en directorios o carpetas comunes ya que mantienen un vínculo de enlace con el documento de la imagen.

    ☑ **Verdadero**
    ☐ Falso

5. **Sopa de letras. Busque cuatro operaciones habituales que se utilizan cuando se combinan elementos gráficos y describa su función.**

R	B	O	U	H	V	I	J	R	M	G	L	J
E	D	X	N	Y	E	A	T	S	R	E	O	O
I	A	F	I	U	S	R	P	O	U	X	J	M
R	E	C	O	R	T	A	R	L	A	C	P	B
Ñ	L	B	N	R	A	S	D	F	O	L	I	V
Z	Y	Q	U	I	T	Z	A	R	A	U	Z	N
H	I	N	T	E	R	S	E	C	C	I	O	N
J	D	E	J	R	S	A	E	V	U	R	B	M
M	Y	O	B	P	D	W	Z	A	O	G	S	P

▪ UNIÓN O SOLDAR: permite soldar dos o más elementos gráficos convirtién-
  dolos en un solo objeto.
▪ RECORTAR: permite utilizar un objeto para darle la forma a otro mediante
  un corte de la zona común.
▪ INTERSECCIÓN: permite intersecar dos formas que se solapan, es decir,
  que tienen una zona común y esta operación crea un nuevo objeto con la
  forma de la intersección.
▪ EXCLUIR O COMBINAR: esta operación hace una unión de elementos exclu-
  yendo las formas de intersección.

6. **Complete los espacios libres de la siguiente frase:**

Cuando se trabaja con elementos gráficos dirigidos a internet, telefonía móvil, vídeo, etc. se utiliza la paleta de colores **RGB** que está dividida en tres colores: **rojo, verde** y **azul.** Cada color puede tomar un valor entre **0** y **255,** por lo que al combinarlos se puede disponer de un resultado de **16.777.256** millones de colores.

7. **Nombre cuatro tipos de degradados habituales que se pueden encontrar en los programas de diseño.**

Lineal, radial, cónico y cuadrado.

8. **Los degradados más elaborados que se basan en la aplicación de puntos de color en la unión de dos líneas perpendiculares se llaman...**

    a. **... relleno de malla.**
    b. ... relleno degradado radial.
    c. ... relleno localizado por color.

9. **Cuando se necesita que un color se imprima en su correcta tonalidad mediante su propia plancha se suele utilizar la...**

    a. ... paleta RGB.
    b. **... paleta HKS.**
    c. ... paleta duotono.

10. **¿Cuál es el color dominante de la combinación numérica 0, 100, 10, 20 en la paleta de color CMYK?**

    a. Cian
    b. **Magenta**
    c. Amarillo
    d. Negro

11. **El tipo de impresión más adecuado para tiradas largas de prensa y revistas se llama...**

    a. ... impresión serigráfica.
    b. ... impresión flexográfica.
    c. **... impresión *offset*.**

12. **El tipo de impresión más adecuado para la impresión de camisetas se llama...**

    a. **... impresión serigráfica.**
    b. ... impresión hexacromía.
    c. ... impresión RGB.

13. Complete los espacios libres de la siguiente frase:

Las imágenes de formato GIF usan el modo de color **indexado** y contienen un máximo de **256** colores.

14. Crucigrama.

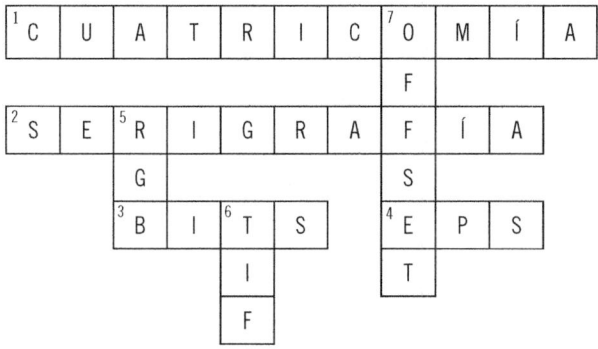

HORIZONTALES:

1. Impresión que combina las cuatro tintas básicas CMYK.
2. Sistema de impresión compuesto de una tela sobre un bastidor.
3. Unidades numéricas en las que se miden los mapas de las imágenes digitalizadas.
4. Formato de archivo que permite editarse tanto en vectores como en mapa de bits.

VERTICALES:

5. Modo de color que combina los tres colores luz: rojo, verde y azul.
6. Formato para imágenes basadas en píxeles que permite alta calidad de resolución sin compresión.
7. Sistema de impresión más común para trabajos de larga tirada.

15. Una imagen que tiene una resolución de 100 px/cm y unas dimensiones de 1000 x 1000 px, ¿qué tamaño de impresión tendrá en centímetros?

    a. 20 x 20 cm.
    b. 1000 x 1000 cm.
    c. **10 x 10 cm.**

 **Solucionario Capítulo 2**

1. Relacione cada término con su imagen:

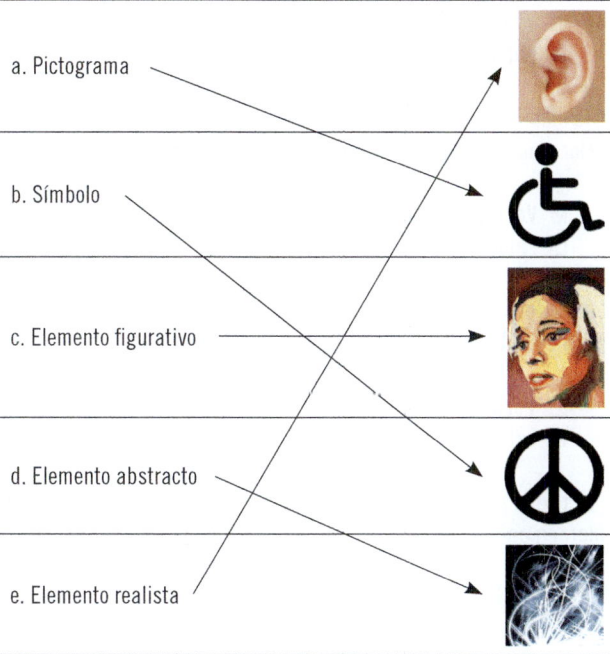

a. Pictograma

b. Símbolo

c. Elemento figurativo

d. Elemento abstracto

e. Elemento realista

2. Indique si las siguientes frases son verdaderas o falsas.

    a. Los programas de dibujo vectorial son los más adecuados para el diseño de pictogramas.

        ☑ **Verdadero**
        ☐ Falso

    b. Cuando se interpreta gráficamente un objeto real de una manera simplificada se denomina elemento abstracto.

        ☐ Verdadero
        ☑ **Falso**

c. Un pictograma tiene un grado de iconicidad alto.

☐ Verdadero
☑ **Falso**

d. La historia de la ilustración comenzó en el siglo XX.

☐ Verdadero
☑ **Falso**

e. Las técnicas digitales permiten hacer modificaciones de formas, cambio de color y manipulaciones de imágenes tantas veces como se quiera.

☑ **Verdadero**
☐ Falso

f. La ley del cierre es cuando se tiende a rellenar una información inexistente para completar la visión física que tiene la retina.

☑ **Verdadero**
☐ Falso

g. Los textos no se deben redimensionar en los programas vectoriales porque pierden calidad.

☐ Verdadero
☑ **Falso**

3. **Señale en qué dos categorías se pueden dividir las técnicas de ilustración.**

Medios plásticos y medios digitales.

4. Sopa de letras. Encuentre seis técnicas de los medios plásticos de ilustración.

R	B	O	R	H	V	G	I	R	M	G	A	J
E	D	X	N	Y	E	R	A	S	R	E	C	O
I	A	T	I	N	T	A	S	O	U	Q	U	M
T	E	C	L	I	T	F	Z	L	A	O	A	B
I	L	B	N	R	A	I	S	F	O	L	R	V
Z	Y	Q	U	I	T	T	Z	R	A	U	E	N
A	P	C	A	R	B	O	N	C	I	L	L	O
S	D	E	J	R	S	A	E	V	U	R	A	M
M	G	O	U	A	C	H	E	J	O	G	S	P

5. Complete los espacios libres de las siguientes frases.

a. La ilustración **publicitaria** está especializada en comunicación impresa para revistas o prensa.

b. La ilustración **narrativa** sirve de apoyo al texto en una narración.

c. La ilustración **técnica** permite conocer el funcionamiento de las cosas.

d. La ilustración **conceptual** no está ligada a ninguna narración, simplemente surge de la imaginación del ilustrador.

6. Los *software* 3DStudio Max, Lightwave o Blender son programas específicos de...

a. ... retoque digital.

b. ... diseño gráfico bidimensional.

c. ... diseño tridimensional.

7. Sopa de letras. Encuentre cinco principios de la psicología de la Gestalt.

C	L	Q	D	E	Y	C	L	Q	E	D	C	J
C	I	E	R	R	E	A	I	R	A	G	O	J
E	S	X	N	Y	E	R	A	S	C	E	N	O
I	A	T	I	N	T	A	S	O	U	Q	T	M
A	Y	C	L	Q	S	I	M	E	T	R	I	A
O	E	B	N	R	A	I	S	F	R	L	N	V
Z	C	Q	U	I	T	T	Z	R	E	U	U	N
S	E	M	E	J	A	N	Z	A	L	P	I	U
I	T	P	R	O	X	I	M	I	D	A	D	M
L	P	O	M	A	C	F	E	J	S	G	A	P
X	N	Y	E	R	A	S	C	E	D	R	D	J

8. Cuando se tiende a crear grupos según la cercanía de los objetos se está basando en el principio de la Gestalt llamado de...

    a. ... las cosas cercanas.
    b. ... la imaginación.
    c. ... la proximidad.

9. El hecho de separar visualmente las formas de los fondos es el principio de...

    a. ... relación amor/odio.
    b. ... relación figura/fondo.
    c. ... relación frente/espalda.

10. Enumere tres aplicaciones del diseño donde se utilicen las teorías de la Gestalt.

Diseño gráfico publicitario, diseño de logotipos y diseño web.

11. **A parte del público y el mensaje, ¿qué otros tres aspectos influyen a la hora de elegir una tipografía?**

   Las imágenes, el espacio y si el texto es titular o de párrafo.

12. **Para que no se pierda la legibilidad de un texto se debe tener siempre en cuenta...**

   a. ... que el texto tenga imágenes alrededor.
   b. ... el contraste de la letra con el fondo.
   c. ... que se escriba siempre en mayúsculas.

13. **La acción de simplificar formas y conceptos se llama...**

   a. ... sintaxis vectorial.
   b. ... sencillez evidente.
   c. ... síntesis gráfica.

14. **Si se quiere escribir el factor de escala de un producto representado en un plano que tiene una altura real de 50 mm y en el plano se representa a 100 mm, ¿cómo se indicaría?**

   a. $E = 1:2$.
   b. $E = 10:1$.
   c. $E = 2:1$.

15. **Las normas de estructura, estilo, tipografía, retículas, etc. se recopilan en...**

   a. ... el manual corporativo.
   b. ... los libros de estilo.
   c. ... los libros impresos.

Solucionario Capítulo 3

1. **Relacione el tipo de almacenamiento con el dispositivo.**

   a. Tarjetas de memoria y *pendrives.*
   b. CD y DVD.
   c. Disco duro.

   b. Almacenamiento óptico.
   c. Almacenamiento magnético.
   a. Almacenamiento mediante circuitos de memoria.

2. **Complete los espacios libres de la siguiente frase:**

   La capacidad de almacenamiento estándar habitual de los **CD** es de **700 Mb** y la de los DVD de **4,7 Gb.**

3. **El primer lugar de almacenamiento de las fotografías que se realizan con una cámara digital es:**

   a. El disco duro local.
   b. **La tarjeta de memoria flash.**
   c. El *pendrive.*

4. **Complete los espacios libres de la siguiente frase:**

   El *pendrive* es un dispositivo que está compuesto por una memoria tipo **flash**. Algunos tienen la capacidad de albergar de hasta **1 Tb** y se conectan al ordenador por un puerto **USB.**

5. **Indique si las siguientes frases son verdaderas o falsas.**

   a. La resolución básica estándar para una impresión de alta calidad es de 300 ppp.

   ☑ **Verdadero**
   ☐ Falso

b. El formato propio de almacenamiento de un programa, como el PSD en Adobe Photoshop o XCF en Gimp, son los apropiados para continuar editando un trabajo.

☑ **Verdadero**
☐ Falso

c. Uno de los formatos más conocidos que utiliza la compresión de imágenes con pocas pérdidas visibles, es el habitual del almacenamiento de las cámaras digitales, y se emplea para sitios web es el formato EPS.

☐ Verdadero
☑ **Falso**

d. Las medidas de impresión de un documento de diseño gráfico se insertan siempre al final de la realización del trabajo.

☐ Verdadero
☑ **Falso**

e. Las fuentes tipográficas utilizadas en un documento original de maquetación como Adobe Indesign se quedan incrustadas directamente en el documento y no es necesario adjuntar los archivos de fuentes en él.

☐ Verdadero
☑ **Falso**

f. Las fuentes convertidas en trazados o curvas se pueden volver a editar y cambiar sus propiedades de texto.

☐ Verdadero
☑ **Falso**

6. Crucigrama.

```
6J              1B  9I  T  M  A  10P
 P               L           S
2E  N  8C  A  P  S  U  L  A  T  E  D
 G     D            U
         3I  N  K  S  C  A  P  E
                    T
   4/7C  O  R  E  L  D  R  A  W  11G
     D                 A        I
     R                 T        M
        5P  H  O  T  O  S  H  O  P
                    R
```

HORIZONTALES

1. Tipo de archivo de imagen de Windows que tiene el formato BMP.
2. Formato de imagen Postscript, abreviado como EPS, que gestiona tanto gráficos en mapa de bits como en vectores.
3. *Software* de uso gratuito basado en gráficos vectoriales.
4. *Software* basado en gráficos vectoriales de uso comercial que no pertenece a la Suite Adobe.
5. *Software* basado en mapa de bits de uso comercial que sí pertenece a la Suite Adobe.

VERTICALES

6. Sistema de compresión de imagen con pérdida más utilizado.
g. Formato propio de los archivos almacenados con el *software* Coreldraw.
h. Dispositivo óptico de almacenamiento de datos cuya capacidad no supera los 700 Mb.
i. *Software* basado en gráficos vectoriales de uso comercial que sí pertenece a la Suite Adobe.

11. Formato propio de los archivos almacenados con el *software* Adobe Photoshop.

12. *Software* de uso gratuito basado en mapa de bits.

7. **Complete los espacios libres de estas frases:**

a. En una maquetación las líneas cruzadas que indican los puntos por donde se va a cortar el documento se llaman **cruces de corte.**

b. La **sangre** es el espacio por donde se prolonga la imagen o fondo unos **3 mm** como mínimo y hace que la impresión carezca de filos blancos al cortar el papel.

c. Para evitar que las fotografías o textos queden al filo del papel o corran el peligro de que puedan ser cortados se suelen insertar en el documento de maquetación unos márgenes **de seguridad.**

8. **De todos estos formatos ubique en cada casillero los que están basados solo en mapa de bits, en gráficos vectoriales y los que funcionan con ambos modos:**

BMP, TIF, EPS, CDR, PSD, AI, JPG, GIF, PDF, SVG, PNG, XCF.

Solo mapa de bits	Solo gráficos vectoriales	Mapa de bits y gráficos vectoriales
BMP	CDR	EPS
TIF	AI	PDF
PSD	SVG	
JPG		
GIF		
PNG		
XCF		

9. **Complete los espacios libres de estas frases:**

El sistema más usual de compresión de imágenes con pérdida es **JPEG,** que divide la imagen en bloques de **64** píxeles, es decir, bloques cuadrados de **8** x **8** píxeles.

10. ¿Cuál es el formato intruso? Cuando lo encuentre, explique por qué.

    a. BMP.
    b. GIF.
    c. CDR.
    d. JPG.
    e. PNG.
    f. TIF.
    g. XCF.

El intruso es el formato CDR, extensión propia del programa Coreldraw basado en gráficos de vector. Todos los demás son formatos basados en mapa de bits.

11. ¿Qué son *Google Drive, Dropbox* o *Microsoft OneDrive?*

    a. Marcas de discos duros locales.
    b. Programas compresores de archivos.
    c. Servicios de almacenamiento en internet.

12. ¿Qué son: Winzip, Winrar, 7Zip o Izarc?

    a. Programas de diseño basados en gráficos vectoriales.
    b. Programas compresores de archivos.
    c. Modelos de tarjetas de memoria flash.

13. Si se quiere descomprimir un archivo de extensión ZIP, ¿cómo se haría?

Hay que tener instalado un programa de compresión y después seleccionar el archivo ZIP. Si se hace doble clic sobre él se activará el programa de compresión que se tenga instalado en el ordenador y toda la información comprimida volverá a su estado original en la dirección o ruta que se le indique.

14. Para enviar correctamente un documento de diseño gráfico con textos, y que se visualice con seguridad en el lugar de destino, existen dos soluciones. ¿Cuáles son?

    ▪ Adjuntar los archivos de fuentes utilizados y que se pueden encontrar en la carpeta fuentes o fonts.
    ▪ Convertir las fuentes en trazados o curvas.

15. Complete los espacios libres de esta frase:

Se aconseja que las imágenes que se insertan en un documento de maquetación como Adobe Indesign estén convertidas al modo de color **CMYK**. En Adobe Photoshop se encuentra esa opción en el menú **Imagen/Modo/CMYK**. En Gimp hay que instalar un plugin llamado **Separate**.

Solucionario 6
Composición de textos en productos gráficos

Solucionario Capítulo 1

1. **Relacione cada rasgo con la letra que lo posea:**

   a. Tarabita.
   b. Ojo.
   c. Ápice.

   <u>**c.**</u> La letra "w".
   <u>**a.**</u> La letra "G".
   <u>**b.**</u> La letra "e".

2. **¿Qué es una familia tipográfica?**

   Es un grupo de fuentes tipográficas que poseen analogías que permiten catalogarlas en una misma categoría, más allá de que puedan tener variaciones de diseño.

3. **Señale si las siguientes afirmaciones son verdaderas o falsas.**

   a. El tipo de letra adecuado dependerá de la clase de receptor al que vaya dirigido el documento.

      ☑ **Verdadero**
      ☐ Falso

   b. El texto en formato negrita sirve para añadir connotaciones implícitas.

      ☐ Verdadero
      ☑ **Falso**

   c. El cuerpo tradicionalmente no aludía a la altura de la letra misma, sino a la del tipo que la contenía.

      ☑ **Verdadero**
      ☐ Falso

4. ¿Qué sirve para relacionar diferentes escalas tipográficas?

    a. La nomparela.
    b. El tipómetro.
    c. El punto tipográfico.

5. ¿Para qué sirve el sistema de medidas tipométrico?

Para posibilitar la equivalencia y el intercambio en las relaciones laborales.

6. El Sistema Didot...

    a. ... es anterior al Fournier.
    b. ... lo inventó Pierre Simon Fournier.
    c. ... es posterior al Fournier.
    d. Todas las opciones son incorrectas.

7. Relacione cada tipo de letra con el uso para el que sea más adecuado.

    a. Script
    b. Serif
    c. Display
    d. San Serif

    d. Lectura en pantalla
    c. Destacados
    a. Simular escritura a mano
    b. Lectura impresa

8. Señale si las siguientes afirmaciones son verdaderas o falsas.

    a. El uso de mayúsculas mejora la legibilidad del texto.

        ☐ Verdadero
        ☑ **Falso**

b. El ojo medio equivale a la altura de las minúsculas.

☑ **Verdadero**
☐ Falso

c. El formato más cómodo de recibir originales para una editorial es el impreso.

☐ Verdadero
☑ **Falso**

9. ¿Cuál de los siguientes aspectos no afecta a la legibilidad del texto?

a. Los vacíos compositivos.
b. **El tamaño de los márgenes.**
c. La longitud de las líneas.
d. El espacio entre líneas.

10. Defina la tipografía.

Es una palabra de origen griego tipos (huella) y grephos (escribir), que se refiere al diseño tradicional de moldes para imprimir letras. Hoy, se relaciona con el arte o técnica de diseñar las letras y otros signos de escritura.

11. Complete el siguiente texto.

Un **original** es el documento de base que un autor elabora para su edición y reproducción. Esto supone que este texto, que puede tener presentación tanto en **audio** como **escrita,** se elabora para ejercer de **punto de partida** previo al inicio del resto de pasos del **proceso editorial.**

12. Mediante un *software* de compaginación no es posible...

a. ... imprimir documentos en una impresora doméstica.
b. ... imprimir documentos en una imprenta industrial.
c. ... publicar documentos digitales.
d. **Todas las opciones son incorrectas.**

13. ¿Cuándo es aconsejable el uso de las versalitas?

Cuando se quiere destacar un texto en mayúsculas minimizando la pérdida de legibilidad.

14. Indique cuáles de los siguientes motivos suelen conllevar modificaciones de un original:

    a. Fallos de expresión.
    b. Uso de palabras malsonantes.
    c. Errores ortográficos.
    d. Erratas.
    e. Uso de lenguaje complejo.
    f. Adaptación al estilo editorial.
    g. Incorrección semántica.
    h. Uso de marcas comerciales.

15. ¿Sobre qué parámetros pueden intervenir los programas informáticos que resuelven la composición del texto?

La escala de glifo, el espacio entre letras, el espacio entre palabras y la división de palabras.

Solucionario Capítulo 2

1. **Señale si las siguientes afirmaciones son verdaderas o falsas.**

    a. La calidad de una imagen ráster impresa dependerá tanto de los bits por píxel como de los puntos por pulgada.

    ☑ **Verdadero**
    ☐ Falso

    b. El formato PNG permite la animación.

    ☑ **Verdadero**
    ☐ Falso

    c. Una infografía puede contener dibujos, ilustraciones, símbolos y textos, aunque nunca fotografías.

    ☐ Verdadero
    ☑ **Falso**

2. **¿Cuál es la diferencia esencial entre editor y procesador de texto?**

    Mientras que el primero tan solo permite la lectura y escritura de archivos de texto sin formato (llamado texto plano), el segundo permite la introducción de imágenes, soporta formatos y otras muchas opciones.

3. **Cuando en un documento que se publicará de forma digital se inserta un recurso gráfico, este deberá tener...**

    a. ... una resolución adecuada para un DIN-A1.
    b. **... una resolución que considere el tamaño de visualización.**
    c. ... 300 ppp.
    d. ... no menos de 8 bits por píxel.

4. ¿Qué formato de archivo digital posibilita la deformación de su contenido sin pérdida de calidad?

    a. La imagen orientada al objeto.
    b. El mapa de bits.
    c. El objeto gráfico de contorno.

5. ¿Qué objetivo se busca con la introducción de un *banner* en una página web?

Con su introducción se pretende difundir su contenido tratando de captar la atención de los usuarios de la página en la que se encuentra.

6. Identifique cuáles de los elementos de la siguiente lista son productos gráficos:

    a. Novela negra.
    b. Caja de cereales.
    c. Postal.
    d. Cuaderno de notas.
    e. Listín telefónico.
    f. Bolsa de grandes almacenes.
    g. Poster.

7. ¿Qué variables puede usar el diseñador para conseguir que un recurso gráfico destaque en mayor o menor medida?

La ubicación, el contraste, el contenido, el tamaño y la proporción.

8. Relacione cada función con el formato estandarizado.

    a. Informe profesional
    b. Recordatorio
    c. Plano técnico

    b. DIN-A6
    c. DIN-A1
    a. DIN-A4

9. **¿Qué ventajas presenta la composición de textos con programas de edición vectorial respecto a los convencionales?**

El programa de edición vectorial permite un grado de intervención y variación de texto mucho mayor, facilitando una actuación con más libertad en la que se puede desde alterar a voluntad el contorno mismo de cada letra aisladamente hasta adaptar un cuerpo de texto a un espacio de una forma particular.

10. **Relacione cada tipo de formato gráfico con su característica:**

      a. Ilustración.
      b. Fotografía.
      c. Dibujo.
      d. Icono.

      a. Elemento gráfico complejo con mensaje implícito propio.
      d. Recurso gráfico de fácil lectura que representa un concepto determinado.
      b. Plasma escenas tridimensionales en imágenes planas.
      c. Es resultado de un proceso de síntesis y abstracción.

11. **Defina el *packaging*.**

Se llama *packaging* a la manera en la que un objeto o producto comercial es empaquetado, envasado, etiquetado o embalado. Así mismo, se usa este término para referirse a los diferentes procedimientos técnico-artísticos que forman parte de este proceso.

12. **¿Cómo se conoce al documento que se presenta plegado sobre sí mismo desde sus dos extremos opuestos?**

      a. Díptico.
      b. *Flyer.*
      c. Desplegable tipo acordeón.
      d. Desplegable tipo ventana.

13. Defina qué es una hoja de estilo CSS.

Una hoja de estilo CSS es un conjunto de propiedades propias de una tipografía (color, fuente, tamaño, etc.) que puede tener asignado o aplicado un fragmento de texto y que está destinada a definir las características de publicación de documentos escritos en lenguaje de marcas (HTML, XML, SVG, etc.), aunque su utilización más común es en el diseño de páginas web.

14. Señale si las siguientes afirmaciones son verdaderas o falsas.

a. El intercambio de ficheros de productos gráficos a través de la red se resuelve mediante correo electrónico, a causa del reducido tamaño de dichos archivos.

☐ Verdadero
☑ **Falso**

b. Los programas de maquetación no permiten hacer la composición de un texto importado.

☐ Verdadero
☑ **Falso**

c. El formato de gran calidad TIFF es de tipo imagen vectorial.

☐ Verdadero
☑ **Falso**

15. ¿Cuál de los siguientes aspectos no es necesario tener en cuenta a la hora de decidir los componentes de un determinado formato de publicación?

a. Las dimensiones del soporte.
b. Si se mostrará en pantalla o se imprimirá.
c. La intención comunicativa.
d. La distancia a la que se verá.

Solucionario Capítulo 3

1. ¿Cuáles son las posibles finalidades de los soportes de productos gráficos?

Se pueden distinguir tres finalidades:

■ Dotar de estructura, inercia y resistencia al producto.
■ Ofrecer al producto una protección extra.
■ Mejorar la apariencia o puesta en escena del producto.

2. Señale si las siguientes afirmaciones son verdaderas o falsas.

a. El laminado es un tipo de barnizado.

☐ Verdadero
☑ **Falso**

b. Una maqueta es una representación de un producto terminado.

☐ Verdadero
☑ **Falso**

c. El metal, el plástico y la tela, son materiales que pueden formar parte de un producto gráfico.

☑ **Verdadero**
☐ Falso

3. ¿Cuáles son las soluciones más usadas para la adhesión del diseño impreso al soporte de cartón?

a. De base acuosa o reactivos de dos componentes.
b. Reactivos de dos componentes o de base solvente.
c. De base solvente o reactivos monocomponentes.
d. **Reactivos monocomponentes o de base acuosa.**

4. **Identifique cuál de las siguientes opciones no es uno de los posibles objetivos que condicionan la concreción de la maqueta.**

   a. Evaluar los aspectos compositivos.
   b. Contrastar su funcionalidad.
   c. Conservar un registro del proceso.
   d. Calcular el precio de ejecución.
   e. Mostrar el desarrollo del trabajo a un cliente.

5. **Enumere los aspectos que deben considerarse a la hora de elaborar unas instrucciones o especificaciones de salida.**

   Precisión, claridad, concisión y explicitud.

6. **Relacione cada tipo de aplicación o uso con la clase de papel más adecuada.**

   a. Componer cartón
   b. Impresión ordinaria
   c. Grabados
   d. Pegatinas

   d. Autoadhesivo
   c. Alfa
   b. Offset
   a. Kraft

7. **¿Qué factores habrá que atender cuando sea necesario combinar un elemento gráfico con un soporte?**

   a. Prácticos y estáticos.
   b. Los relacionados con el soporte, con el método de unión y con los elementos auxiliares.
   c. Concordancia, orientación y estéticos.
   d. Los económicos.

8. **¿Por qué es esencial que el mensaje textual de un producto gráfico sea legible?**

Porque completan el sentido del producto gráfico y posibilitan la adecuada interpretación del mensaje.

9. **Enuncie las cuestiones que definen las decisiones que hay que concretar a la hora de crear una maqueta.**

- ¿Qué se quiere transmitir o contar mediante dicho documento?
- ¿En qué medio o formato se quiere presentar?
- ¿De qué condiciones económicas y temporales se dispone?
- ¿Cómo se va a ejecutar (calidades, grado de detalle, etc.)?

10. **Señale si las siguientes afirmaciones son verdaderas o falsas.**

a. Para enlazar un producto con un soporte no se utiliza ningún elemento ajeno a estos.

☑ **Verdadero**
☐ Falso

b. El principal material componente de esta industria es el cartón.

☐ Verdadero
☑ **Falso**

c. La diferencia entre plegado y doblado radica en la dirección en la que se realizan las sucesivas operaciones.

☐ Verdadero
☑ **Falso**

11. **¿Por qué circunstancias se suele recurrir a la simulación de acabados en las maquetas?**

Para reducir el tiempo y los gastos de ejecución.

12. Complete el siguiente texto:

Los productos de *packaging* además de presentar los contenidos del diseño (recursos gráficos, información sobre el elemento al que están vinculados, etc.) de forma atractiva, deben cumplir unos requisitos sustanciales para la validez de su elaboración, que van desde **proteger** el contenido (si se trata de un contenedor) hasta resistir el **transporte** o una manipulación normal sin **deteriorarse**.

13. Marque cuáles de los siguientes materiales son los más usados como soportes de presentación:

   a. **Corcho.**
   b. Papel.
   c. **Policloruro de vinilo.**
   d. **Cartón pluma.**
   e. PVP.
   f. Acero cortén.
   g. Polipropileno.

14. ¿Cuáles son los principales parámetros que se cotejan con la impresión digital de pruebas?

La concordancia de color entre pantalla e impresión, el contraste cromático, la nitidez de contenidos y la definición de los contornos.

15. ¿Qué tipo de impresora habría que usar para imprimir una tirada de un producto que incluyese tintas y barnices?

   a. Serigrafía.
   b. De transferencia térmica.
   c. **Flexografía.**
   d. Ecografía.

Solucionario 7
Maquetación de productos editoriales

 Solucionario Capítulo 1

1. **Señale si las siguientes afirmaciones son verdaderas o falsas.**

    a. La maquetación no surge hasta la década de 1980.

        ☐ Verdadero
        ☑ **Falso**

    b. Dejar espacios sin ocupar supone un error de maquetación.

        ☐ Verdadero
        ☑ **Falso**

    c. El uso de hojas de estilo en el trabajo de maquetación mejora la eficiencia y posibilita una mayor coherencia.

        ☑ **Verdadero**
        ☐ Falso

2. **¿Cuál de los siguientes elementos de una composición tiene por objetivo llamar la atención del receptor y ofrecerle una síntesis del contenido del cuerpo de texto?**

    a. Encabezado
    b. Titular
    c. Orla
    d. Pie de imagen

3. **¿De qué factores depende el peso de un elemento en una composición?**

    Además del tipo de elemento, dependerá del tamaño, la forma, el color, posición y perspectiva.

4. Complete el siguiente texto.

La **retícula compositiva** es una estructura que sirve de guía organizativa donde se delimitan y ordenan unas **superficies** que definirán las formas, las dimensiones, las proporciones y la ubicación de las diferentes clases de **elementos**.

5. La página maestra...

    a. ... es una página real que se puede imprimir.
    b. ... no puede contener ilustraciones o textos.
    c. ... es un conjunto de características y objetos.
    d. ... es lo mismo que la retícula compositiva.

6. Relacione cada teoría compositiva con su característica:

    1. Estilo clásico
    2. Estilo moderno
    3. Estilo contemporáneo

    2. Funcionalidad y consideración de las percepciones subjetivas.
    3. Ruptura de normas en pos de una libertad creativa.
    1. Estima de la justa proporción, armonía y simetría.

7. ¿Qué es la jerarquía compositiva?

El orden de prioridad según el cual se establece una escala de relevancia que deberá verse reflejada por las características de la maquetación.

8. Señale si las siguientes afirmaciones son verdaderas o falsas.

    a. La distribución de texto más habitual para un periódico es de una columna.

        ☐ Verdadero
        ☑ **Falso**

b. Una composición en equilibrio balanceado no tiene por qué ser simétrica.

    ☑ **Verdadero**
    ☐ Falso

c. Todos los documentos impresos tienen que respetar los márgenes (superior, inferior y laterales) sin ocuparlos.

    ☐ Verdadero
    ☑ **Falso**

9. **Señale cuál de las siguientes funciones no pertenece a las posibles atribuciones de un maquetador:**

    a. **Elaborar un diseño que guste a todo el mundo.**
    b. Mejorar la transmisión del mensaje.
    c. Ordenar los contenidos de la composición.

10. **De todas las clases de tipografía, ¿cuál es la más apropiada para cuerpos de texto extensos? ¿Por qué es así?**

Los tipos *serif,* puesto que los remates o serifas ayudan a remarcar la línea de lectura.

11. **En las hojas de estilo...**

    a. ... un estilo de carácter puede afectar al interlineado.
    b. ... un estilo de párrafo no puede modificar el color del texto.
    c. ... los estilos anidados siempre deben ser redundantes, repetitivos.
    d. **Todas las opciones son incorrectas.**

12. Relacione el tipo de párrafo, según su forma o estructura visual, con el uso para el que sea más apropiado.

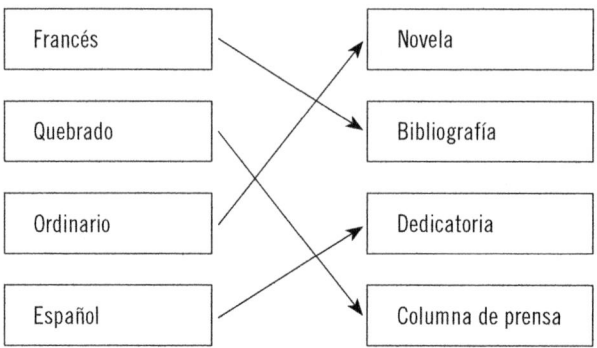

13. ¿Cómo definiría la composición de textos?

Como el proceso en el que los caracteres tipográficos son dispuestos en la línea de texto con el propósito de asegurar un orden visual y facilitar la lectura.

14. Indique cuáles de las siguientes afirmaciones sobre la legibilidad son falsas:

    a. Es recomendable mantener la horizontalidad de los textos.
    b. **Combinar muchas tipografías ofrece buenos resultados.**
    c. **Siempre, cuanto mayor tamaño tiene el texto mejor se lee.**
    d. Es preferible evitar modificar las proporciones del carácter tipo.
    e. **Es conveniente usar mayúsculas para destacar algo.**
    f. Las tipografías más legibles son las sencillas y clásicas.
    g. **Resulta más sencillo leer sobre un fondo con textura.**
    h. **Se deben usar tipografías similares para introducir matices.**

15. ¿Cuáles son los parámetros que habrá que considerar para la elección de los recursos gráficos de una publicación?

En función de las características de la publicación, para la selección de imágenes habrá que tener en cuenta su claridad, su resolución, su nitidez, su calidad estética y la concordancia entre imagen y texto.

Solucionario Capítulo 2

1. **¿Qué dos conceptos relacionados con el mundo editorial pueden llevar a error al usar el término maqueta?**

   El error puede venir del doble significado de dicha palabra. Por un lado, puede hacer alusión a un prototipo de un producto editorial y, por otro, puede referirse a la página maestra del mismo.

2. **Señale cuál de las siguientes expresiones no hace referencia a ningún tipo de maqueta:**

   a. *Dummy*
   b. *Lay out*
   c. **Kraft**
   d. *Mock up*

3. **Señale si las siguientes afirmaciones son verdaderas o falsas.**

   a. La impresión por sublimación de tinta es propia del ámbito profesional.

   ☑ **Verdadero**
   ☐ Falso

   b. El papel es un derivado del cartón.

   ☐ Verdadero
   ☑ **Falso**

   c. La presentación externa de un producto editorial posee una importancia despreciable respecto a su contenido.

   ☐ Verdadero
   ☑ **Falso**

4. **Complete el siguiente texto.**

La utilización de **pruebas** es un hecho altamente frecuente en el sector editorial. Esto es así dado que se realizan muestras que permiten **ensayos** y **evaluaciones** diversas, que aseguren el resultado deseado **evitando tiradas defectuosas** y **reduciendo los costes** que podrían conllevar.

5. **¿Cuáles son los sistemas de unión más comunes en el mundo editorial?**

Las colas, el hilo, el alambre, las grapas, las anillas y los tornillos.

6. **El material con mayor presencia en la industria editorial es:**

    a. La tinta
    b. La cola
    c. El papel
    d. Todas las opciones son correctas.

7. Encuentre en la siguiente sopa de letras catorce nombres de las variedades de papel mencionadas en el capítulo:

```
A L I N E S J D R E B O R E P A M N
U A V O D I O T I M A A C E B M E C
R E A E H C U O C X R T O S U N G H
O P Y K R A H F E H C N N I B A L I
S T E S O J D S C R I S T A L I T N
E N T Z M F U R K A R I R A B L A O
T J A V E S T R A Z A B A A A B Q C
P A E L I T A W A G A T C E J I U V
C P C B F F A N E D I A L I R B I L
F O A L T A S C P C O L O R E A D O
A N C S E D Z R D U R D R S V R T I
U E O H L K F O T A A I A O R E P N
S S R A E C O R R U G A D O Y A B O
I S F E T A E T N E B R O S B A H P
T E A D E U Q U I O C I N E I G I H
```

8. Enumere los factores cualitativos ajenos al contenido de la publicación que condicionarán su uso y modo de comercialización.

Las dimensiones, los materiales, los acabados y el encuadernado.

9. ¿Cuál es el objetivo de la revisión de la legibilidad de la maqueta?

Asegurar que las dimensiones y características del tipo de letra son las apropiadas para ofrecer una lectura confortable en las condiciones particulares de edición del producto editorial.

10. **Indique cuáles de las siguientes afirmaciones sobre las pruebas de impresión son verdaderas:**

    a. **Lo más común es el uso de colores estándar CMYK.**
    b. **A veces se firman para sellar un contrato.**
    c. El precio no condiciona la elección del tipo de prueba.
    d. Solo se deben hacer pruebas de muy buena calidad.
    e. La superficie de impresión no supone un condicionante.
    f. Bajo ninguna circunstancia se muestran al cliente.
    g. **A la larga, el uso de pruebas puede suponer un ahorro.**
    h. Actualmente, solo se realizan pruebas digitales.

11. **Señale si las siguientes afirmaciones son verdaderas o falsas.**

    a. Las decisiones acerca de la calidad del producto terminado influirán en la durabilidad del mismo.

       ☑ **Verdadero**
       ☐ Falso

    b. Las indicaciones para elaborar una maqueta tendrán que estar incorporadas en el mismo documento.

       ☐ Verdadero
       ☑ **Falso**

    c. Durante la revisión estética de la maqueta, se evalúa esta mediante unos criterios objetivos normalizados.

       ☐ Verdadero
       ☑ **Falso**

12. **Explique la diferencia entre embuchado y alzado.**

    El alzado consiste en la apilación ordenada de los pliegos, mientras que en el embuchado se introduce cada pliego dentro del anterior.

13. Relacione cada proceso con su finalidad:

- a. Corte.
- b. Plegado.
- c. Plastificado.
- d. Hendido.
- e. Estampado.

- **c.** Proteger el soporte.
- **a.** Definir la forma del soporte.
- **d.** Marcar el soporte para facilitar el doblado o recorte posterior.
- **e.** Fijar un texto o dibujo en relieve sobre el soporte.
- **b.** Modificar la forma del soporte irreversiblemente.

14. Relacione el tipo de impresora en función de sus características con el uso para el que sea más acertado.

- a. Inyección de tinta
- b. *Offset*
- c. Serigrafiadora
- d. Plóter
- e. Sublimación de tintas

- **d.** Estudio de arquitectura
- **a.** Residencia familiar
- **e.** Estudio fotográfico
- **c.** Estampadora de camisetas
- **e.** Imprenta editorial

15. ¿Por qué en ocasiones se simulan acabados o encuadernaciones en las maquetas?

Siempre es por una cuestión de costes. Las simulaciones se usan porque resultan más económicas que los acabados reales.

Solucionario 8
Elaboración del arte final

Solucionario Capítulo 1

1. **De las siguientes afirmaciones, diga cuál es verdadera o falsa.**

   a. Como norma, se aplicarán 3 mm de margen de sangrado.

      ☑ **Verdadero**
      ☐ Falso

   b. El margen de sangrado solo se aplicará en los laterales del impreso que tengan elementos al borde.

      ☐ Verdadero
      ☑ **Falso**

   c. Siempre se aplicará margen de sangrado a los documentos, aunque no tengan ningún elemento en el borde.

      ☐ Verdadero
      ☑ **Falso**

2. **¿Es posible realizar una imposición ajustando el margen de sangre a 2 mm?, ¿en qué situaciones?**

   Sí, es un trabajo que debe realizar el personal de preimpresión y se suele utilizar para aprovechar al máximo la superficie del pliego de impresión. Cuando es un montaje donde entran muchos modelos y reduciendo la sangre de 3 a 2 o incluso a 1 mm, el pliego permite la imposición de uno o varios modelos más. Es una tarea que debe realizar personal cualificado y es un método para conseguir mayor productividad en la fabricación del producto impreso.

3. **El dispositivo para medir la densidad de los parches de la barra de color en el pliego es:**

   a. Cuentahílos
   b. Aro guía
   c. Densitómetro
   d. Todas las opciones son incorrectas.

4. **¿En la imposición del pliego de impresión que marcas se situarán en la zona del margen de pinzas o arrastre?**

Ninguna. El margen de pinzas o de arrastre es una zona no imprimible, ya que es por donde la máquina agarra o arrastra el pliego para imprimir sobre él.

5. **Indique cuál de los siguientes no corresponde a plegados de impresos.**

    a. Díptico
    b. Media cuña
    c. Zigzag, fuelle o acordeón
    d. Todas las opciones son incorrectas.

6. **¿Cómo se realiza un plegado oblicuo a un impreso?**

    a. En una plegadora.
    b. En la propia máquina de impresión.
    c. De manera manual por personal de postimpresión.
    d. Todas las opciones son incorrectas.

7. **¿En qué tipo de marca del pliego de impresión se detectará un mal registro de impresión?**

En las marcas o cruces de registro. Observando las marcas de registro con un cuentahílos, se comprobará si los canales CMYK registran y sobreimprimen entre sí.

8. **De las siguientes afirmaciones, diga cuál es verdadera o falsa.**

    a. Para revisar el formato o las dimensiones de un impreso, una prueba de ferro o de contrato es la opción correcta.

        ☑ **Verdadero**
        ☐ Falso

    b. Una prueba de ferro es fiel a la reproducción del color del original.

        ☐ Verdadero
        ☑ **Falso**

c. Una prueba de pantalla de un original *(screen proof)* es mucho más costosa que una prueba de contrato impresa en un plotter linealizado, calibrado y certificado.

☐ Verdadero
☑ **Falso**

9. ¿Qué tipo de marca del pliego de impresión se utilizará para comprobar la densidad, el contraste, el equilibrio de grises y el balance de color?

La tira de control. En la tira de control, se pueden encontrar distintos tipos de parches para controlar cada uno de los parámetros densitométricos.

10. Indique los distintos tipos o niveles de revisión de textos en un original. ¿En cuál de esas fases se revisará la disposición y adecuación de los textos a su apartado correspondiente?

La revisión de concepto, de estilo y ortográfica.

La disposición y adecuación de los textos a su apartado correspondiente es propia de la fase de revisión ortográfica, que realizará el personal de preimpresión.

11. ¿Es conveniente utilizar textos menores de 15 p con rellenos que utilizan más de un canal CMYK? ¿por qué?

No es conveniente, ya que los textos están formados por líneas muy finas y si están rellenos de más de un canal CMYK hacen problemático el registro en impresión.

12. ¿Sobre qué tipo de original el proceso de revisión es más productivo?

a. En originales impresos.
b. En originales digitales.
c. Es indiferente.
d. Todas las opciones son incorrectas.

13. **Para medir el *trapping* o aceptación de las tintas, ¿qué parches de la tira de control se deben medir con el densitómetro?**

    a. Parches con 100 % de tinta de cada color CMYK.
    b. **Parches rojo, verde y azul donde sobreimprimen M + Y,C + Y y M + C.**
    c. Los parches con forma de *trapping*.
    d. Todas las opciones son incorrectas.

14. **De las siguientes afirmaciones, diga cuál es verdadera o falsa.**

    a. La tira de control se coloca en la entrada a máquina del pliego de impresión y perpendicular a la dirección de máquina o de impresión.

        ☑ **Verdadero**
        ☐ Falso

    b. La tira de control se puede colocar en el margen de pinzas o arraste.

        ☐ Verdadero
        ☑ **Falso**

    c. La tira de control no es un elemento imprescindible para la medición de los valores densitométricos.

        ☐ Verdadero
        ☑ **Falso**

15. **¿Qué tipos de marcas de pliego o plegado se pueden encontrar en un pliego de impresión?**

Las marcas de plegado de pliego: para delimitar los pliegues de los casados o cuadernillos.

Las marcas de plegado de impresos: para delimitar los pliegues en los impresos finales.

Solucionario Capítulo 2

1. **De las siguientes afirmaciones, diga cuál es verdadera o falsa.**

   a. Para una imposición de un cartel en una aplicación electrónica de páginas, se utilizará el tipo de trabajo Imposición de media hoja.

      ☐ Verdadero
      ☑ **Falso**

   b. En una aplicación de imposición electrónica, el tipo de encuadernación Sin cosido se utilizará para imponer trabajos de folletos plegados.

      ☐ Verdadero
      ☑ **Falso**

   c. En una aplicación de imposición electrónica, el tipo de encuadernación Trabajo de placa se utilizará para la creación de libros y revistas.

      ☐ Verdadero
      ☑ **Falso**

2. **¿Cuál será la resolución óptima de imagen en píxeles/pulgada para imprimir en una impresora láser con una resolución de impresión de 100 lpp (líneas por pulgada)?**

   Con unos 200 píxeles/pulgada será suficiente.

3. **Para comprobar que los PDF con las artes finales son correctos para impresión, se utilizará...**

   a. ... un cuentahílos.
   b. ... mínimo dos revisiones de dos operarios distintos.
   c. ... un perfil de comprobaciones.
   d. Todas las opciones son incorrectas.

4. **¿En la imposición del pliego de impresión qué marcas se utilizarán para el control del registro de impresión?**

Las cruces de registro.

5. **La imposición electrónica para envases es:**

   a. Con formas regulares sin solapamiento.
   b. **Con formas irregulares con solapamiento.**
   c. Con solapamiento de formas equilibradas.
   d. Todas las opciones son incorrectas.

6. **Para comprobar que el documento nativo del diseño está correcto y se puede proceder a la creación del arte final en PDF, se utilizará...**

   a. ... la herramienta de visibilidad de capa.
   b. ... el menú de estilos de objeto.
   c. **... la herramienta de comprobación preliminar.**
   d. Todas las opciones son incorrectas.

7. **¿Cómo procedería a la incrustación de una tipografía en un arte final en PDF?**

Desde la aplicación *Adobe Acrobat Pro* con la herramienta Retocar texto del panel Edición avanzada, se incrustaría la tipografía que previamente deberá estar activa en el sistema.

8. **De las siguientes afirmaciones, diga cuál es verdadera o falsa.**

   a. Para enviar la hoja de encargo de impresión a la imprenta, se utilizará el lenguaje JDF.

      ☑ **Verdadero**
      ☐ Falso

b. Para enviar un arte final a imprenta, lo más recomendable es contratar a un mensajero que entregue el DVD.

☐ Verdadero
☑ **Falso**

c. Para almacenar las artes finales, se deben conservar los nombres que el cliente pusiera a las artes finales en PDF. Así siempre se encontrarán.

☐ Verdadero
☑ **Falso**

9. ¿Cómo se pueden agregar las líneas de corte a un arte final?

Desde la aplicación de diseño nativa, al exportar a PDF se pueden incluir las marcas de corte. También desde la aplicación *Acroba*t se pueden insertar al arte final en PDF y, por último, en la aplicación de imposición electrónica.

10. ¿Cómo se podrá trabajar con las tipografías o fuentes en el equipo de una manera organizada?

Con la utilización de una aplicación de gestión de fuentes como *Fontbase* o *Extensis Suitcase,* que permite organizar las fuentes por grupos su activación y desactivación, sin tener que instalarlas en el sistema.

11. ¿Puede crearse una configuración personalizada para crear PDF con las necesidades de una máquina de impresión o flujo de trabajo concreto?

Sí, se puede crear una configuración con *Adobe Acrobat Distiller* desde cero o utilizando un estándar PDF/X, modificándolo y guardándolo con otro nombre.

12. Para delimitar el plegado de un impreso, se utilizarán...

a. ... líneas gruesas.
b. **... líneas discontinuas en el margen de indicaciones del diseño.**
c. ... líneas paralelas al margen de indicaciones.
d. Todas las opciones son incorrectas.

13. **Enumere al menos cuatro aplicaciones o extensiones de imposición electrónica que conozca.**

    a. Quite *Imposing Plus*, extensión para *Abobe Acrobat*.

    b. *Imposition*, extensión para *QuarkxPress* o *InDesign*.

    c. *Apogee Impose*, implementada en el flujo de trabajo de Agfa.

    d. *Signastation*, implementada en el flujo de trabajo de Hartman.

    e. *FlatWorker*, implementada en el flujo de trabajo de Screen.

    f. *Fiery Impose*, aplicación de imposición de Efi.

    g. *Preps*, aplicación de imposición de Kodak.

    h. *ArtPro* de Esko Graphics.

    i. Las implementadas en aplicaciones de diseño como *CorelDraw* o *InDesing*.

14. **De las siguientes afirmaciones, diga cuál es verdadera o falsa.**

    a. El PDF/X es un estándar normalizado por la norma ISO 15930 para el intercambio de archivos gráficos.

        ☑ **Verdadero**
        ☐ Falso

    b. La empresa de impresión prefiere la entrega del documento nativo del diseño antes que el arte final en PDF.

        ☐ Verdadero
        ☑ **Falso**

    c. Un PDF/X puede presentar errores de ausencia de tipografías.

        ☐ Verdadero
        ☑ **Falso**

15. **¿Con qué estilos de trabajo se puede trabajar en una aplicación de imposición electrónica?**

    ▌ En el sentido de la hoja.
    ▌ Imposición de media hoja.
    ▌ Imposición de cabeza a pie.
    ▌ De una sola cara.
    ▌ De retiradora.

Solucionario Capítulo 3

1. **De las siguientes afirmaciones, diga cuál es verdadera o falsa.**

   a. Un manual corporativo puede contener apartados referentes a la señalética de la marca.

      ☑ **Verdadero**
      ☐ Falso

   b. Un prototipo siempre tendrá un acabado totalmente fiel al original.

      ☐ Verdadero
      ☑ **Falso**

   c. El prototipo impreso tiene menor coste que un prototipo en PDF.

      ☐ Verdadero
      ☑ **Falso**

2. **¿Qué tipos de prototipos multimedia se pueden crear?**

   Para que un prototipo soporte acciones o elementos multimedia, tendrá que ser en formato PDF o interactivo.

3. **¿Cuáles de las siguientes aplicaciones no corresponde a la suite de *Adobe Digital Edition?***

   a. *Folio Builder Plugin*
   b. *Viewer Builder*
   c. ***Interactive Maker***
   d. *Content Viewer*

4. **¿En qué consiste el hendido?**

   En realizar una marca en la zona de pliegue del papel por medio de una cuchilla sin corte (macho) y una hembra, para evitar problemas de resquebrajamiento del papel y facilitar la tarea de plegado.

5. Indique cuál de las siguientes funciones no corresponde a una etapa de producción de un prototipo impreso.

    a. Encuadernación
    b. Hipervínculos de texto
    c. Plegado
    d. Impresión

6. ¿Cómo se denomina al prototipo digital que emula, mediante la visualización en una pantalla, el resultado real del producto?

    a. PDF
    b. Documento
    c. Montaje fotográfico
    d. Todas las opciones son incorrectas.

7. ¿Cuáles son los aspectos a tener en cuenta para determinar el nivel de calidad de acabado del prototipo?

Presupuesto del proyecto, costes de realización del prototipo, calidad de reproducción del color necesaria, número de ejemplares a fabricar, necesidades morfológicas, de estructura y de resistencia.

8. Indique el menos cuatro procesos de efectos o acabados especiales que es posible aplicar a un prototipo impreso.

Reserva UVI, plastificado (brillo o mate), relieve o golpe seco y estampado.

9. ¿Qué dispositivo se utilizará para aplicar cortes, efectos y acabados especiales en la creación de un prototipo?

Un *plotter* de impresión y corte de alta gama, que puede aplicar dichos efectos y acabados.

10. ¿Qué es la marca? ¿Y la identidad corporativa?

También denominada *branding,* la marca son una serie de elementos visuales y nombre, por el que se identifica uno o varios productos de la empresa o incluso la empresa en sí. La representación visual o el aspecto de una marca en sus respectivos soportes o medios físicos y/o digitales es parte de la identidad corporativa de la marca.

11. Indique los aspectos a tener en cuenta para la creación del logotipo de una marca.

Legibilidad, adaptabilidad a cualquier tamaño, correcta reproducción en distintos materiales, sistemas de impresión y medios digitales, además por supuesto de representar la marca de una manera distinguible y memorable para el cliente potencial.

12. Indique cuál de los siguientes aspectos no hay que recoger o contemplar en un manual corporativo.

     a. Tipografías
     b. Costes de fabricación
     c. Envases
     d. Colores
     e. Publicidad

13. Si se debe ajustar el coste de la realización de un prototipo para la presentación de un proyecto, ¿qué tipo de prototipo realizaría?

El prototipo en PDF es el que supone menor coste de realización.

14. ¿Qué es la señalética y para qué sirve?

La señalética es un instrumento orientador, informativo, educativo e interpretativo prioritario para la ordenación y regulación de espacios o lugares.

15. **Relacione el tipo de prototipo con la opción correspondiente.**

    a. PDF
    b. Interactivo
    c. Impreso
    d. Montaje fotográfico

    b. *Adobe Digital Edition*
    a. Flujo de trabajo de corrección digital
    d. *Mockup*
    c. Prueba de contrato certificada

Solucionario 9
Arte final multimedia y e-book

Solucionario Capítulo 1

1. **La capacidad de uso de una determinada aplicación por parte de las personas, independientemente de sus capacidades físicas o conocimientos técnicos, se denomina...**

    a. ... responsividad.
    b. ... funcionalidad.
    c. ... usabilidad.
    d. ... accesibilidad.

2. **El nivel de "responsividad" del producto se entiende como...**

    Su grado de adaptación a distintos dispositivos independientemente de las características técnicas de estos, como la resolución de sus pantallas.

    Para conseguir esto se utiliza fundamentalmente un conjunto de técnicas basadas en el lenguaje HTML 5 y las hojas de estilos basadas en CSS 3.

3. **Las imágenes usadas en los productos multimedia publicados en la web deben tener normalmente una resolución de...**

    a. ... 72 ppp.
    b. ... 150 ppp.
    c. ... 300 ppp.
    d. ... 441 ppp.

4. **Defina brevemente qué es una publicación *online*.**

    Una publicación *online* (en línea) es aquella que se consulta en cualquier momento a través de Internet, y cuyos archivos digitales se encuentran físicamente dentro de un ordenador servidor, que les provee de un espacio en su disco duro para ser compartidos en la red.

5. **Complete los espacios vacíos con las palabras adecuadas.**

Otro de los formatos de imágenes publicadas en internet más utilizados es Gif. A diferencia de **JPG,** GIF está indicado para imágenes **pequeñas** o con poca **definición** y **colores,** como fondos planos, líneas, botones o iconos. Este formato puede almacenar imágenes de hasta **256** colores distintos, donde uno de los colores puede ser definido como **transparente.**

6. **¿Cuál de los siguientes formatos se utiliza comúnmente para imágenes con compresión sin pérdida?**

    a. JPG
    b. PNG
    c. GIF
    d. TIFF

7. **Relacione los conceptos con sus respectivos nombres.**

    a. Formato surgido en 1995 que amplía la capacidad del CD hasta los 4,7 Gb.
    b. Puede almacenar aproximadamente 25 GB o cerca de 6 horas de video de alta definición más audio, aunque esto puede duplicarse con los discos de doble capa.
    c. El formato estándar no permite almacenar más de 700 Mb.
    d. Desarrollado, entre otras, por las empresas Toshiba, Microsoft y NEC, alcanza capacidades de almacenamiento de 15 hasta 32 gigabytes.

    d. HD-DVD
    b. Blu-Ray
    a. DVD
    c. CD-Rom

8. **¿Cuáles son los formatos de archivo más conocidos que almacenan una imagen sin compresión?**

RAW, BMP y PSD.

9. **La integración de las imágenes de arte final en el documento web se puede realizar usando la etiqueta HTML "<img>". Las imágenes insertadas de esta forma...**

   a. ... se repiten por defecto en mosaico, si son menores que el área donde se incluyen.

      ☐ Verdadero
      ☑ **Falso**

   b. ... son indivisibles y por defecto no pueden tener texto encima.

      ☑ **Verdadero**
      ☐ Falso

   c. ... su posición exacta no se puede establecer mediante estilos CSS, pero sí usando las propiedades "Posición horizontal" y "Posición vertical" propias de la imagen.

      ☐ Verdadero
      ☑ **Falso**

10. **¿Qué hace el siguiente código HTML?**

```
<head>
    <title>Curso de HTML básico.</title>
</head>
```

   a. **Es la zona de cabecera donde se define el título de la página.**
   b. Muestra el texto "Curso de HTML básico.".
   c. Muestra el texto "Curso de HTML básico." en la zona superior de la página.
   d. Todas las opciones son incorrectas.

11. Separe en su categoría correspondiente (imagen, audio, vídeo) los siguientes formatos de archivos multimedia: MKV, MIDI, GIF, OGG, JPG, AVI, MP3, PNG y MPEG.

Imagen	Audio	Vídeo
GIF	MIDI	MKV
JPG	OGG	AVI
PNG	MP3	MPEG

12. Complete los espacios vacíos con las palabras adecuadas.

PDF son las siglas que corresponden a "Formato de Documento **Portable**", es decir, desde julio de **2008**, una especificación abierta y estandarizada bajo la Norma ISO **32000-1** para almacenar documentos digitales. Es **multiplataforma**, es decir, un documento puede verse de la misma manera independientemente del ordenador y del **sistema operativo** que se utilice.

13. Respecto al uso de imágenes adaptadas del arte final al producto online, indique si las siguientes afirmaciones son verdaderas o falsas.

a. Los iconos son imágenes similares, preferiblemente del mismo tamaño, que pueden tener una funcionalidad asociada, insertados y alineados en celdas de una tabla.

☑ **Verdadero**
☐ Falso

b. Las imágenes de fondo se insertan solo en el fondo de tablas y no pueden repetirse en mosaico ni tener texto encima de ellas ni otros objetos, como elementos de formularios.

☐ Verdadero
☑ **Falso**

c. Mediante la inserción continuada de bloques de imágenes pueden crearse elementos estéticos como fijación segura de colores, degradados de relleno o sombras.

☐ Verdadero
☑ **Falso**

14. **Dado un diseño de interfaz realizado para un dispositivo cuya densidad es de 160 MDPI, ¿cómo puede adaptarse fácilmente a un dispositivo de densidad 240 HDPI?**

a. Aumentando el tamaño del diseño un 75 %.
b. **Aumentando el tamaño del diseño un 150 %.**
c. Aumentando el tamaño del diseño un 200 %.
d. De manera indiferente, pues el programa responsivo lo adapta automáticamente.

15. **Comente las principales ventajas de usar hojas de estilo en el proceso de adaptación de un arte final a un producto multimedia.**

Ofrecen las ventajas de fijar con exactitud las especificaciones del diseño y de simplificar las posibles modificaciones futuras. Se puede definir un estilo que establezca el color de fondo de la web y aplicarlo a todas las páginas por igual, de manera coherente. Posteriormente, si por alguna razón es necesario cambiar dicho color, se modifica únicamente el estilo y el cambio quedará reflejado en todas las páginas que lo usen, ahorrando así el tiempo de tener que modificar todas las páginas una a una.

Solucionario Capítulo 2

1. **Un formato de libro electrónico abierto, sucesor del formato *Open Book,* que permite la adaptación de los contenidos a las características de la pantalla de manera automática, es:**

    a. **EPUB.**
    b. FB2.
    c. LIT.
    d. AZW.

2. **¿Es PDF el mejor formato de documento para libros electrónicos? Razone su respuesta.**

    PDF es actualmente uno de los tipos de documentos más importantes para el intercambio de información entre distintos equipos y plataformas.

    Sin embargo, algunos documentos son creados en formato de impresión A4 o para su lectura en pantallas grandes y tabletas. Por este motivo, en muchos casos la visualización no es del todo correcta y aparecen saltos de líneas o los caracteres no tienen una buena definición.

3. **Un tipo muy frecuente de resolución de pantalla en dispositivos *E-Book* es:**

    a. 100 ppp.
    b. 200 ppp.
    c. 167 ppp.
    d. **300 ppp.**

4. **Defina brevemente qué es DRM.**

    La gestión digital de derechos o DRM es la tecnología que controla el acceso de los usuarios a determinados contenidos y cómo se usan. Tiene como objetivo el establecimiento de los derechos de autor sobre los contenidos digitales, administrando su distribución y utilización.

5. Complete los espacios vacíos con las palabras adecuadas.

En el caso de los libros electrónicos, el **texto** es el elemento más importante a la hora de **transmitir** una información, por lo que debe ser correctamente **organizado** y presentado. Hay que conservar la **legibilidad** del mismo como característica esencial en la adaptación del arte final a este tipo de productos, partiendo de documentos editados mediante **procesadores** de texto profesionales.

6. Relacione los conceptos con sus respectivos nombres.

a. Formato multiplataforma orientado a la visualización e impresión de documentos.
b. Basado en Mobipocket, es el formato propietario de la empresa Amazon para su utilización en los dispositivos Kindle.
c. Siglas de "formato de texto enriquecido", se trata de un tipo de archivo de texto multiplataforma.
d. Es un documento de texto plano que guarda la relación entre la información que se desea presentar y las etiquetas o marcas que sirven para establecer los formatos y las propiedades de la misma.

c. RTF
d. HTML
a. PDF
b. AZW

7. Cite cuatro conocidos programas enfocados a la conversión de formatos de archivo.

Calibre, Sigil, AVS Document Converter, Book Designer 4.0, Doxillion, Foxit PDF.

8. La creación de contenidos para libros electrónicos y tabletas, debe tener en cuenta las siguientes consideraciones:

a. Por regla general, las imágenes para libros electrónicos no tendrán una alta resolución y se guardarán en escala de grises, a no ser que el libro use tinta en color.

☑ **Verdadero**
☐ Falso

b. Hay que determinar si el contenido va a estar ofrecido y estructurado por algún lenguaje de marcas, como PDF y SWF.

☐ Verdadero
☑ **Falso**

c. Se recomienda usar una metodología de trabajo y unos medios técnicos que no separen la información de su estilo de presentación visual.

☐ Verdadero
☑ **Falso**

9. **Respecto a las pantallas de *E-Book*, ¿qué otras características marcan la calidad de la visualización?**

    a. **El tipo de contraste y el número de colores o escalas de grises.**
    b. La frecuencia de refresco.
    c. Que sea capacitiva.
    d. Todas las opciones son incorrectas.

10. **Explique brevemente para qué sirven las hojas de estilo XSL.**

Las hojas de estilo XSL sirven para establecer el estilo de un documento XML, permitiendo modificar el aspecto del mismo mediante la definición de una serie de transformaciones. Es más complejo y potente que CSS y utiliza a su vez otros lenguajes como XSLT, XPath y XSL-FO. Este último se utiliza, por ejemplo, para generar documentos PDF.

11. Escriba la propiedad CSS que corresponde a cada una de las funciones referidas en la columna de la izquierda.

Función	Propiedad CSS
Mediante esta propiedad se establece una imagen de fondo en un documento HTML, en una tabla, en sus filas, columnas o incluso celdas.	background-image
Son las propiedades que establecen el ancho y el alto de un objeto.	width, height
Establecer el espaciado o distancia entre líneas.	line-height
Determina el tamaño de los caracteres. Admite tamaños preestablecidos como *small, medium, large,* o bien mediante un valor numérico sobre una determinada medida.	font-size

12. Complete los espacios vacíos con las palabras adecuadas.

La mayoría de los E-Books usan un formato de **lectura** propio, **optimizado** a las características del **dispositivo** -es el caso del formato **AZW** en los dispositivos Kindle-. Otros fabricantes, Sony por ejemplo, recomiendan el uso de formatos abiertos como **EPUB**, válidos y **adaptables** a una gran cantidad de dispositivos.

13. ¿Qué programa puede usarse para probar la adaptación del arte final de los formatos AZW y MOBI en ordenadores personales?

    a. PC Epub Reader.
    b. Kindle para PC.
    c. Adobe AZW Reader for PC.
    d. Todas las opciones son incorrectas.

14. Explique muy brevemente las ventajas de rapidez, uniformidad, precisión y efectividad en el uso de estilos CSS en documentos web.

Rapidez: el uso de estilos CSS permite que las páginas web se carguen más rápido, al liberar a los documentos HTML de una gran cantidad de códigos de estilos repetidos.

Uniformidad y precisión: al usar los estilos CSS se puede conseguir un aspecto uniforme y preciso en los documentos web, al separar la apariencia de los objetos de la información que estos ofrecen.

Efectividad: mediante CSS se puede cambiar el estilo de presentación de todo un producto multimedia, sin tener que modificar una sola línea de código HTML, por lo que es muy efectivo.

15. ¿Qué hace el siguiente código HTML?

```
<head>
<link href="estilos/01.css" rel="stylesheet" type="text/css">
</head>
```

En la cabecera del documento HTML la etiqueta <link> se usa para adjuntar al fichero la hoja de estilos "01.css", situada en la carpeta "estilos", para poder así utilizar los estilos definidos en ella.

Solucionario 10
Calidad del producto gráfico

Solucionario Capítulo 1

1. **Indique si las siguientes afirmaciones son verdaderas o falsas.**

   a. **El producto gráfico no multimedia puede incluir animaciones y vídeos.**

      ☐ Verdadero
      ☑ **Falso**

   b. **La calidad de un producto gráfico no multimedia solo se refiere a su apariencia visual.**

      ☐ Verdadero
      ☑ **Falso**

2. **Enumere tres funciones de un producto gráfico no multimedia.**

   ▌ Comunicación visual clara y directa
   ▌ Identificación y *branding*
   ▌ Educación e instrucción

3. **¿Qué es un diagrama de Ishikawa?**

   Es una herramienta visual utilizada para identificar y analizar las causas de un problema específico. Representa el efecto en la cabeza y las causas en las espinas.

4. **Relacione cada concepto con su correspondiente definición.**

   a. Densitometría
   b. Encuadernación
   c. CMYK
   d. Ganancia de punto
   e. Tipografías
   f. Tintas a base de agua
   g. Espacio de color RGB

b. Proceso de unir varias hojas impresas
a. Herramienta utilizada para medir la cantidad de tinta
c. Espacio de color utilizado en impresión
d. Fenómeno que causa el aumento del tamaño de los puntos de tinta
e. Fuentes utilizadas en el diseño gráfico
f. Opciones de impresión más ecológicas y menos tóxicas
g. Modo de color utilizado principalmente para pantallas

5. **Complete los huecos de la siguiente frase.**

El proceso de creación de un producto gráfico no multimedia comienza con una fase de **investigación** y **análisis**.

6. **La densidad de tinta para el color negro debe estar entre:**

   a. **1,60 y 1,80**
   b. 1,30 y 1,50
   c. 1,00 y 1,20
   d. 1,80 y 2,00

7. **Clasifique los siguientes elementos en materias primas o herramientas/equipos: *plotter*, papel reciclado, impresora láser, tinta a base de agua, cuchillas.**

   ❙ Materias primas: papel reciclado, tinta a base de agua
   ❙ Herramientas/equipos: *plotter*, impresora láser, cuchillas

8. **Defina *ganancia de punto*.**

La ganancia de punto es el fenómeno por el cual los puntos de tinta se agrandan al ser transferidos desde la plancha de impresión al papel, lo cual afecta a la calidad de la impresión.

9. ¿Cuál de los siguientes no es un tipo de producto gráfico no multimedia?

    a. Folleto
    b. Vídeo
    c. Cartel
    d. Infografía

10. Explique la importancia del control de calidad en la preimpresión.

El control de calidad en la preimpresión es esencial porque asegura que todos los archivos estén en condiciones óptimas para la impresión, minimizando errores que podrían afectar la calidad del producto final. Este proceso incluye la revisión de aspectos como el formato de archivo, la resolución de imágenes y el modo de color, lo que ayuda a garantizar que el resultado sea fiel al diseño original.

11. Describa los pasos necesarios para realizar un mantenimiento preventivo en productos gráficos.

Los pasos para un mantenimiento preventivo incluyen almacenar productos en condiciones adecuadas para prevenir el deterioro, realizar la limpieza regular de estantes y cajas, y usar fundas protectoras para resguardar los productos de la manipulación constante.

12. El formato PDF/X-1a garantiza que todas las fuentes y colores utilizados en un archivo se mantendrán sin alteraciones durante el proceso de impresión. ¿Es verdadero o falso? Justifique su respuesta.

Es verdadero. El formato PDF/X-1a es ampliamente utilizado en la industria gráfica, ya que asegura la correcta incrustación de fuentes, imágenes y colores.

13. Defina el concepto *manual de calidad*.

Un manual de calidad es un documento que describe el sistema de gestión de la calidad de una empresa. Establece procedimientos y políticas para asegurar la calidad en todas sus operaciones.

14. **Explique cómo las técnicas gráficas pueden ayudar en el control de calidad de un producto gráfico.**

Las técnicas gráficas, como los gráficos de control y los diagramas de Pareto, permiten visualizar y analizar datos relacionados con el proceso de producción. Ayudan a identificar patrones, evaluar la variabilidad en la calidad y priorizar problemas. Esto facilita la implementación de acciones correctivas para mantener los estándares de calidad.

15. **¿Qué importancia tienen la densitometría, la colorimetría y la espectrofotometría en el control de calidad de la impresión?**

Estas técnicas son fundamentales para asegurar la precisión y consistencia de los colores en el proceso de impresión: la densitometría mide la cantidad de tinta aplicada, la colorimetría evalúa cómo el ojo humano percibe los colores y la espectrofotometría proporciona mediciones precisas de color a través del espectro visible. Juntas garantizan que los colores impresos coincidan con los valores deseados, lo cual mejora la calidad del producto final.

Solucionario Capítulo 2

1. **Indique si las siguientes oraciones son verdaderas o falsas.**

   a. La legibilidad en productos multimedia no influye en la experiencia del usuario.

      ☐ Verdadero
      ☑ **Falso**

   b. La compatibilidad de navegadores no afecta a la usabilidad de un sitio web.

      ☐ Verdadero
      ☑ **Falso**

2. **Enumere dos técnicas que pueden usarse para mejorar la optimización de contenido en sitios web.**

   ▎ Uso de almacenamiento en caché
   ▎ Aplicación de *lazy loading* para imágenes y vídeos

3. **El SEO** *(Search Engine Optimization)* **es fundamental solo para mejorar la estética de un sitio web, no tiene impacto en la usabilidad. ¿Es esto verdadero o falso? Justifique su respuesta.**

   Es falso. El SEO mejora la visibilidad de un sitio en los motores de búsqueda, lo que indirectamente mejora la accesibilidad y usabilidad del sitio.

4. **Indique el objetivo principal de las siguientes técnicas:**

   ▎ *Graceful degradation:*
   mantener la funcionalidad básica en navegadores antiguos.

   ▎ *Progressive enhancement:*
   mejorar la experiencia de los usuarios en navegadores modernos.

5. Defina el término *usabilidad*.

La usabilidad en productos multimedia es la facilidad con la que los usuarios pueden aprender a utilizar un sistema, realizar tareas eficientemente y encontrar satisfacción en la experiencia de uso.

6. ¿Qué es el *lazy loading?*

Es una técnica que consiste en cargar contenido como imágenes o vídeos solo cuando es necesario, es decir, cuando el usuario desplaza la página hacia esa sección, mejorando así el rendimiento de la página web.

7. ¿Cuál de las siguientes es una herramienta para evaluar la accesibilidad web?

    a. *Google Analytics*
    b. ***Google Lighthouse***
    c. *HTML5 Validator*
    d. *Google Chrome*

8. ¿Qué se entiende por *compresión sin pérdida?*

Es la reducción de tamaño de un archivo sin pérdida de información.

9. Rellene los huecos de las siguientes frases:

El *SEO on page* incluye prácticas como la investigación de **palabras clave** y la mejora de la **estructura** del sitio web.

Un *sitemap* ayuda a los motores de búsqueda a **rastrear** e **indexar** mejor el contenido de un sitio web.

10. **Una cada formato con su descripción correspondiente.**

    a. EPUB
    b. MOBI
    c. AZW
    d. PDF
    e. HTML5
    f. JPEG
    g. PNG
    h. FLAC

    a. Formato ampliamente soportado y adaptable a diferentes tamaños de pantalla. Es ideal para *e-books*
    b. Formato propietario de Amazon, utilizado en los dispositivos Kindle
    c. Formato propietario de Amazon que soporta más tipos de fuentes y estilos
    d. Formato de documento fijo que no se adapta a diferentes pantallas y mantiene la disposición original del contenido
    e. Formato de archivo web utilizado para crear contenido accesible desde navegadores, especialmente para *e-books* basados en la web
    f. Formato de imagen comprimida sin pérdida de calidad, ideal para fotografías en la web
    g. Formato de imagen sin pérdida, ideal para gráficos y diagramas que requieren transparencia
    h. Formato de audio sin pérdida, utilizado para almacenar música y sonido con la mejor calidad posible

11. **Explique cómo la legibilidad en productos multimedia afecta a la experiencia del usuario.**

La legibilidad afecta directamente la facilidad con la que un usuario consume la información de un producto multimedia. Si un texto es difícil de leer o el contraste es bajo, los usuarios pueden sentirse frustrados o abandonar el sitio, y eso afectará a la usabilidad y satisfacción del usuario.

12. **Describa cómo la incompatibilidad de navegadores impacta en la usabilidad de un sitio web.**

La incompatibilidad de navegadores puede hacer que un sitio web no funcione correctamente en algunos navegadores, y esto afecto a la accesibilidad de funciones importantes, la velocidad de carga y la experiencia general del usuario.

13. Explique qué son las WCAG y por qué son importantes en el diseño de productos multimedia.

Las WCAG (pautas de accesibilidad para el contenido web) son un conjunto de recomendaciones para hacer que el contenido web sea accesible para personas con discapacidades. Son esenciales porque garantizan que los productos digitales sean utilizables por el mayor número de personas posible, y eso mejora la inclusividad.

14. Discuta cómo las herramientas de análisis como *Google Analytics* pueden ayudar a mantener la calidad de un producto multimedia.

Las herramientas como *Google Analytics* permiten recopilar datos sobre el comportamiento de los usuarios en un sitio, identificar puntos débiles en la navegación o contenido, y ajustar el diseño para mejorar la experiencia del usuario y mantener altos estándares de calidad.

15. Describa cómo el *engagement* de los usuarios en una plataforma de *e-commerce* puede verse afectado por la calidad del contenido y la usabilidad del sitio web. Proporciona ejemplos.

El *engagement* se refiere al grado de participación, interés y satisfacción de los usuarios con un sitio web. Una baja calidad de contenido o una usabilidad deficiente puede reducir significativamente el *engagement*. Por ejemplo, las descripciones de productos mal redactadas, las imágenes de baja resolución o la información desactualizada pueden hacer que los usuarios pierdan interés rápidamente, lo que reduce la tasa de conversión.

Solucionario Capítulo 3

1. **¿Qué es el muestreo en el control de calidad de un producto gráfico?**

El muestreo en el control de calidad de un producto gráfico consiste en seleccionar una muestra representativa del diseño a lo largo de su desarrollo para evaluar su calidad sin necesidad de revisar cada detalle exhaustivamente.

2. **¿Qué es un histórico en el seguimiento de calidad?**

El histórico es un registro de datos recopilados a lo largo del tiempo que permite observar la evolución de los aspectos relacionados con la calidad, incluyendo la planificación, el control, la detección de desviaciones y las acciones correctivas.

3. **Mencione una herramienta utilizada para controlar las desviaciones en la calidad de un producto gráfico.**

Una herramienta utilizada para controlar las desviaciones es la desviación estándar.

4. **Enumere tres consecuencias de la falta de calidad.**

   ▌ Pérdida de confianza de los clientes
   ▌ Aumento de costos por correcciones y devoluciones
   ▌ Desventaja frente a la competencia

5. **Clasifica los siguientes métodos de muestreo en probabilísticos y no probabilísticos: muestreo por conveniencia, muestreo deliberado, muestreo sistemático y muestreo aleatorio simple.**

   ▌ Probabilísticos: muestreo aleatorio simple, muestreo sistemático
   ▌ No probabilísticos: muestreo por conveniencia, muestreo deliberado

6. **Indique si las siguientes oraciones son verdaderas o falsas:**

   a. El muestreo no probabilístico garantiza una muestra representativa de la totalidad del diseño.

   ☐ Verdadero
   ☑ **Falso**

   b. El índice de desviaciones solo mide las diferencias estéticas en un producto gráfico.

   ☐ Verdadero
   ☑ **Falso**

7. **Complete los huecos.**

   El índice de desviaciones permite medir las diferencias entre los resultados **esperados** y los resultados observados.

   El informe de calidad tiene como objetivo proporcionar información detallada sobre el **desempeño** de calidad y las acciones tomadas.

8. **¿Cuál de las siguientes etapas forma parte del histórico de calidad en el control de un producto gráfico?**

   a. Análisis de competencia
   b. **Detección de desviaciones**
   c. Planificación financiera
   d. Creación de prototipos

9. **¿Qué aspectos deben evaluarse en el seguimiento de la calidad de un producto gráfico?**

   Se deben evaluar aspectos como la resolución, los colores, la tipografía, la coherencia visual, la legibilidad, la accesibilidad y la adecuación del diseño al propósito del proyecto.

10. Mencione cuatro etapas que deben revisarse dentro del histórico de calidad.

- Planificación de la calidad
- Control de calidad
- Detección de desviaciones
- Evaluación de la calidad

11. Explique cómo se utiliza el índice de desviaciones para asegurar la calidad en los productos gráficos.

El índice de desviaciones mide las diferencias entre los resultados esperados y los observados, ayudando a identificar áreas problemáticas en el diseño. Las desviaciones pueden ser técnicas, estéticas o funcionales, y su identificación permite tomar medidas correctivas y preventivas para asegurar que el producto final cumpla con los estándares.

12. Analice las consecuencias de la falta de calidad en un producto gráfico y su impacto en la empresa.

La falta de calidad puede llevar a la pérdida de confianza de los clientes, un aumento de costes por volver a realizar trabajos, un impacto negativo en la reputación de la empresa y desventajas frente a la competencia. Además, puede generar consecuencias legales y afectar a la productividad.

13. ¿Qué tipo de muestreo se utiliza cuando se seleccionan elementos del producto de manera aleatoria, asegurando que todos tengan la misma probabilidad de ser elegidos?

Se utiliza el muestreo aleatorio simple en este caso.

14. ¿Un error en las dimensiones del producto sería una desviación técnica, estética o funcional?

En este caso sería una desviación técnica.

15. ¿Qué es un informe de calidad?

Es un documento que recoge los resultados de las actividades de control y evaluación de la calidad de un producto. Proporciona información detallada sobre los problemas detectados, las acciones tomadas y las conclusiones obtenidas.